押さえておきたい

これだけは

インボイスと電帳法のルール

辻・本郷 税理士法人 編

辻・本郷 ITコンサルティング
株式会社 編

猪野　茂 著

菊池典明 著

中央経済社

は じ め に

　いよいよ2023年10月からは「インボイス制度」が，そして，息つく間もなく2024年１月からは電子帳簿保存法が規定する「電子取引の電子保存義務化」がスタートします。これらの法制度は，従来の経理業務，引いては企業のビジネスに大きな変革を求めるものです。

　例えば，インボイス制度については，対応が不十分である場合には，自社の消費税の納税額が増加してしまうばかりか，取引先に対しても迷惑をかけてしまう非常に厄介な制度です。一方，電子取引の電子保存義務化については，その対応如何によって，今後の経済社会のデジタル化の波に乗ることができるかが決まってしまうと言っていいほど重要度の高い制度です。

　このように，いずれの法制度も経理業務のみならず，企業のビジネス全体に大きな影響を及ぼすものですが，これらへの対応に全く不安がない，万全な備えができたという企業，経理担当者は稀ではないでしょうか。

　本書は，このようなインボイス制度及び電子帳簿保存法への対応に日々頭を悩ませていらっしゃる方々を対象としており，その対応状況に応じて以下の活用方法を想定しています。

① **まだまだ基本的な理解ができておらず，一から学びなおしたい**

　ぜひ最初のページから順に読み進めてください。各制度を理解するための基本的な内容からはじまり，実際に対応を進める際の流れに沿って解説しています。残された時間はわずかですので，各制度の対応のポイントをしっかり押さえ，最短距離で対応を完了させましょう。

② **ある程度制度の理解はできているものの，どこから手を付けたらいいかわからない**

　各制度の対応編，具体的には，インボイス制度については第２章，電子帳簿保存法については第５章を中心にご確認ください。多くの企業が実践している

対応の流れに沿って解説していますので，スムーズに対応準備に着手していただけると思います。

③　制度対応の目途はたっているが，制度開始に備えて最終確認を行いたい

まずは巻末のチェックリストをご活用ください。検討・対応が不十分である論点やそもそも対応が漏れている項目などを検出し，該当するページでその対応方法や検討すべき事項をご確認ください。制度開始に向けて万全の体制を整えましょう。

本書が，インボイス制度及び電子帳簿保存法への対応を進められている経理担当者の方々の悩みや疑問点を解消することができ，また，税理士及び公認会計士をはじめとする会計事務所の方々がクライアントに対してよりよいサポートやアドバイスを行うお役に立つことができれば幸いです。

最後になりましたが，辻・本郷 税理士法人の本郷孔洋会長には，本書の執筆について強く背中を押していただきました。また，本書の刊行にあたって，辻・本郷 IT コンサルティング株式会社の同僚である鬼澤英氏，松山孝志氏，西野雅丈氏からは多くの有益な知見や資料を提供していただき，阿南悠乃氏，川中明華氏には図表の作成などでご尽力いただきました。この場をお借りして御礼申し上げます。

そして何よりも，出版の企画から校正・装丁に至るまで丁寧にご対応いただき刊行まで導いてくださった，株式会社中央経済社の奥田真史氏に心より感謝を申し上げます。

2023年8月

辻・本郷 税理士法人
辻・本郷 IT コンサルティング株式会社

税理士　猪野　茂
税理士　菊池　典明

目　　次

第 2 部　　電子帳簿保存法

第 4 章
電子帳簿保存法のキホン
103

第 5 章
電子帳簿保存法対応のポイント
145

Column

適格請求書発行事業者の登録申請期限の実質的な延長・28
インボイス制度後の経理業務の救世主!? デジタルインボイスとは・65
いいところ取りは許されない？・90
電子帳簿の保存要件の対応・110
スキャナ保存を利用するメリット・115
スキャナ保存をする場合の規程作成のコツ・118

※本書は，2023年8月現在の法令等に基づいて執筆しています。

第 *1* 部

インボイス制度

第1章

消費税の仕組みと
インボイス制度のキホン

Point

- インボイス制度がはじまると，消費税の計算上，仕入税額控除の適用を受けるためにインボイスの保存が必要になります。
- インボイスを発行することができるのは，事前に登録を受けた「課税事業者」に限られます。

1 インボイス制度の理解を助ける消費税の基礎知識：4つのポイント

(1) 消費税の基本的な仕組み

　消費税は，日本国内で行われるほとんどすべての商品の販売やサービスの提供に対して課税される税金です。消費税の実質的な負担者は，商品を購入したり，サービスの提供を受ける消費者ですが，消費者が税金を納める手続きを行うわけではありません。消費税は，事業者が商品の販売やサービスの提供を行う際に，その販売価格やサービスの代金に消費税を上乗せすることによって，消費者から消費税を預かり，消費者に代わって消費税の納税を行っています。

　しかし，事業者が預かった消費税をそのまま納税してしまうと，この事業者自身が商品を購入したり，サービスの提供を受けた際に別の事業者に預けた消

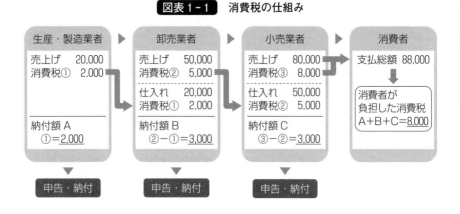

図表1-1　消費税の仕組み

費税が事業者間で重複してしまいます。これを避けるために，消費税の計算においては，売上の際に預かった消費税から仕入の際に預けた消費税を控除して納める消費税を計算します。これを「仕入税額控除」といいます。

　具体的には，**図表1-1**のように，生産や流通の各段階において，二重，三重に消費税が課されることのないよう，各事業者は売上の際に預かった消費税から仕入の際に預けた消費税を控除することで，消費税が累積しない仕組みとなっています。そして，各事業者が納付した消費税額の合計は，消費者が最終的に負担した消費税額と一致することになります。

ポイント1

　納付する消費税額は，売上の際に預かった消費税（売上税額）から仕入の際に預けた消費税（仕入税額）を差し引いて計算します。仕入税額を売上税額から差し引くことを「仕入税額控除」といいます。

---

(2)　消費税の課税対象となる取引

　消費税の納付税額を計算する際には，各事業者において売上の際に預かった消費税と仕入や経費の支払いの際に預けた消費税を集計し，その差額として納付する税額を計算することになります。しかし，必ずしもすべての取引に対し

図表 1 - 2 消費税の課税対象

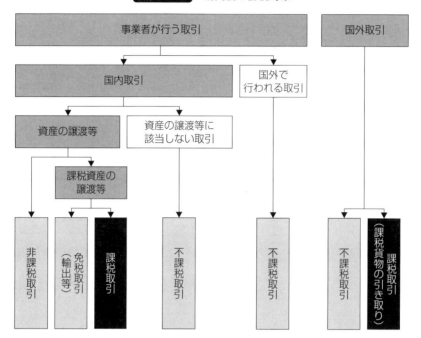

非課税取引の例	
課税対象になじまないもの	社会政策的な配慮に基づくもの
① 土地の譲渡，貸付	① 医療費
② 株式など有価証券の譲渡など	② 介護サービス等
③ 利子や保証料	③ 助産費用
④ 郵便切手，印紙などの譲渡	④ 埋葬料，火葬料
⑤ 商品券などの譲渡	⑤ 身体障がい者用物品の譲渡
⑥ 住民票の発行など行政手数料	⑥ 学校の入学金や授業料，教科書代
⑦ 外国為替業務に係る役務の提供	⑦ 住宅の貸付け

不課税取引の例
① 給与や賃金
② 寄付金，国や地方公共団体からの補助金
③ 無償の試供品や見本品の提供
④ 保険金や共済金
⑤ 株式の配当金や出資分配金
⑥ 資産の廃棄や盗難，滅失
⑦ 損害賠償金

て消費税が課税されているわけではなく，消費税が課税されない取引も存在します。したがって，消費税の集計の際には，課税されている取引なのか否かという取引の区分が必要となります。

　消費税の課税対象となる取引のことを「課税取引」といい，国内取引と輸入取引が該当します。国外で行われる取引は課税対象とはなりません（消法7①，消令17①②）。

　課税取引として取り扱われる際の要件は，「①国内において行うもの」，「②事業者が事業として行うものであること」，「③対価を得て行うものであること」，「④資産の譲渡，資産の貸付け，役務の提供であること」の4つです（消法4①）。この4つの要件のうち1つでも満たさない取引を「不課税取引」といいます。また，たとえ4つの要件を満たしていたとしても，消費一般に負担を求める消費税の性格から課税対象とすることになじまない取引や社会政策的な配慮から課税することが適当でない取引を「非課税取引」といいます（消法6①，別表二）。また，輸入取引の場合，保税地域から引き取られる外国貨物が課税対象となります（消法4②）。

ポイント2

　消費税の課税対象となるか否かは，事業者の判断ではなく，取引の内容によって決まります。

---

(3)　消費税の納税義務

　事業者は，消費者から預かった消費税を納税しなければなりません（消法5①）。ここでいう事業者とは，「法人」と「個人事業主」を指します（消法2①四）。したがって，一般消費者については，消費税の納税義務を負いません。例えばサラリーマンがマイカーを売却したとしても，この取引については消費税の課税対象とされることはなく，消費税の納税義務も生じません。他方，同じ個人であったとしても個人事業主が自宅と店舗を売却した場合には，一般消費者の立場で行う自宅の売却は課税対象となりませんが，店舗の売却は事業者

が事業として行う取引として扱われますので，消費税の課税対象となります。

　事業者が消費税を納税する際には，一定期間内に預かった消費税をまとめて納税します。この一定期間を「課税期間」といい，通常，個人事業主であれば1月1日から12月31日までの1年間が，法人であればその法人の事業年度がそれぞれ課税期間となります（消法19①）。

　ところで，必ずしもすべての事業者が消費税の納税義務を負うわけではありません。あくまでも，すべての事業者が消費税の納税義務を負うのが原則ですが，事業者と一括りにいっても，年間の売上高が数百億，数千億の大企業もあれば，年間の売上高が数百万円の個人事業主まで存在します。小規模な事業者にまで一律に納税義務を課すのは酷ですし，また，税務署側の消費税を徴収するために要するコストの面から見ても，小規模な事業者にまで納税義務を負わせるのは決して得策とはいえません。そのため，消費税では一定規模以下の事業者を「免税事業者」として消費税の納税義務を免除することにしています（消法9①）。

　消費税の納税義務の有無は，原則「基準期間」の消費税の対象となる課税売上高で判定します。個人事業主であれば課税期間の前々年（2年前），法人であれば課税期間の前々事業年度が基準期間となります（消法2①十四）。個人事業主も法人も，この基準期間における課税売上高が1,000万円を超えれば，消費税の「課税事業者」となり消費税の納税義務を負います。一方，課税売上

図表1-3　**基準期間による納税義務の判定**

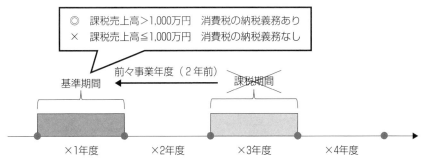

◎　課税売上高＞1,000万円　消費税の納税義務あり
×　課税売上高≦1,000万円　消費税の納税義務なし

前々事業年度（2年前）

基準期間　　　　　　　　課税期間

×1年度　　×2年度　　×3年度　　×4年度

高が1,000万円以下であれば，消費税の「免税事業者」となり，消費税の納税義務が免除されるのです。

　なお，個人事業主が開業した年とその翌年の2年間については，基準期間における課税売上高が0円となるため免税事業者になります。一方，法人が設立された事業年度とその翌事業年度はそもそも基準期間が存在しません。そのため，この場合も免税事業者となります。ただし，法人については，「事業年度の開始の日における資本金の額又は出資の金額が1,000万円以上」の場合，その課税期間は納税義務が免除されませんので，たとえ設立したばかりの法人であっても消費税の納税義務に注意する必要があります（消法12条の2①）。

ポイント3

　消費税の申告及び納税の義務がある事業者を「課税事業者」，申告及び納税の義務が免除された事業者を「免税事業者」と呼びます。

---

(4)　消費税の納付税額の計算方法

　消費税の納付税額は，基本的には課税期間における「売上の際に預かった消費税（売上税額）」から「仕入や経費の支払の際に預けた消費税（仕入税額）」を差し引いて計算します。これを「一般課税」といいます。

　一見，非常にシンプルな計算のように思えますが，商品の販売やサービスの提供などの取引には，課税取引，不課税取引，非課税取引，そして，免税取引の4つのタイプがあり，さらに，課税取引の中には，標準税率10％が適用される取引の他，飲食料品や新聞の定期購読など軽減税率8％が適用される取引が存在します。これらを正確に区別しなければ，売上税額及び仕入税額を正しく集計することができず，もちろん正しい納付税額を計算することもできません。このように消費税の納付税額の計算は複雑で，これを担う経理の方々は日々苦労をされているのです。

　一般課税は，経理業務に大きな負担がかかりますので，基準期間における課税売上高が5,000万円以下の事業者については，簡易的な計算方法を認めてい

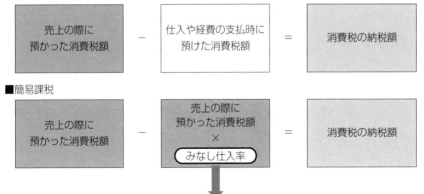

図表 1-4　一般課税と簡易課税の計算方法

事業区分	みなし仕入率	事業内容
第1種事業	90%	卸売業
第2種事業	80%	小売業，農業・林業・漁業（飲食料品の譲渡に係る事業）
第3種事業	70%	農業・林業・漁業（飲食料品の譲渡に係る事業を除く） 鉱業，建設業，製造業，電気業，ガス業，熱供給業，水道業
第4種事業	60%	飲食業 （第1種事業，第2種事業，第3種事業，第5種事業，第6種事業以外）
第5種事業	50%	運輸通信業，金融保険業，サービス業（飲食業を除く）
第6種事業	40%	不動産業

ます。この簡易的な計算方法のことを「簡易課税」といいます（消法37①）。

　簡易課税では，売上税額に，事業の種類に応じて設定された「みなし仕入れ率」を掛けた金額を仕入税額とみなして，納付する消費税額を計算します。

　なお，簡易課税を適用する際には以下の点に留意する必要があります。

- 「消費税簡易課税制度選択届出書」を事前に納税地の所轄税務署長に提出する必要があります（消法37①）。

- 簡易課税制度を選択した事業者は，2年間継続した後でなければ，選択をや

めることができません（消法37⑤⑥）。

- 簡易課税においては，売上税額に「みなし仕入率」を掛けて仕入税額を計算しますので，設備投資を行うなど仕入税額が多額になる場合であっても，消費税の還付を受けることはできません。

> ポイント4
> 　消費税の計算方法には，原則的な方法（一般課税）と簡易課税の2種類があります。

② インボイス制度のキホン：7つのポイント

⑴ インボイス制度とは

　2023年10月から消費税に関する新しい制度であるインボイス制度がスタートします。インボイス制度は正式には「適格請求書等保存法式」といいます。インボイス制度においては，消費税の計算上，仕入税額控除の要件として，「適格請求書発行事業者」と呼ばれるインボイスの発行を許可された事業者が発行

図表1-5　インボイス制度の概要

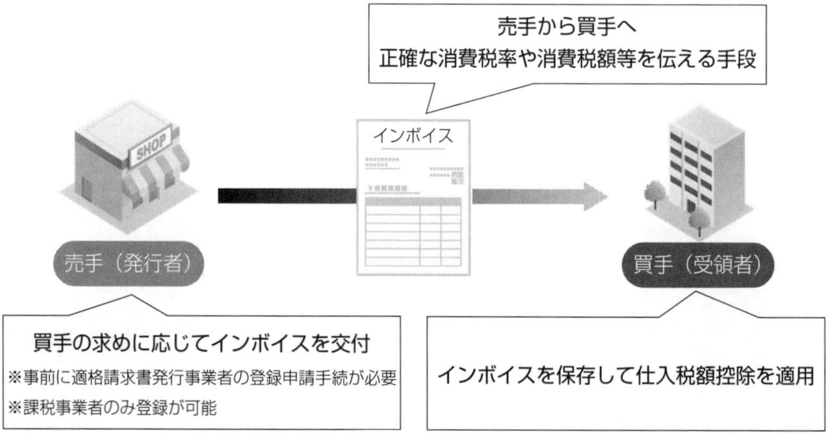

する「適格請求書（インボイス）」の保存が必要となります（消法30⑦⑨）。

> ポイント1
>
> 　インボイス制度では，仕入税額控除の適用を受けるために，インボイスの保存が必要となります。

⑵　インボイスとは

　インボイスとは，「売手側が買手側に対して正確な適用税率や消費税額等を伝えるためのツール」です。消費税の計算においては，原則として，売手側が納税する消費税額が買手側における仕入税額控除の対象となります。インボイスを用いることで，インボイスに記載された消費税額を売手側が納税していることを証明し，買手側はこの消費税額を仕入税額控除として売上税額から差し引くことになります。インボイスは，買手側において適正な納付税額の計算が行えるよう，取引に関する消費税の情報を買手側に伝えるためのツールとして用いられることになります。

　インボイスに対して非常な厳格さが求められる印象を持たれるかもしれませんが，インボイスには，適用税率や消費税額等一定の事項を記載することが求められるものの，その様式に定めはなく，また，適格請求書という名称ではありますが必ずしも「請求書」である必要もありません。一定の事項が記載されていれば，請求書の他，領収書や納品書などその書類の名称を問わずインボイスとして用いることが可能となっています。また，複数の書類を組み合わせてインボイスとして用いることも可能です。さらに，インボイス制度においては，紙媒体に代えて，電子データによるインボイスの交付も認められており，書類と電子データを組み合わせてインボイスとすることも認められています。このように非常に自由度の高い制度設計になっているのです。

　したがって，インボイス制度の開始に備えて，必ずしも一から新しい書類や様式を準備する必要はありません。以前から取引先とやり取りしている既存の書類をベースに，新たに記載が求められる項目を適宜追加して，インボイスに

バージョンアップさせるイメージで対応を進めるのがよいでしょう。とはいえ，実務的には，請求書を発行するためのシステムに改修を要する等，記載事項の追加だけでも一筋縄ではいきません。最小限のコストでインボイス制度に対応できるよう知恵と工夫が求められます。

ポイント2

インボイスを交付するためには，現行の請求書等に適用税率や消費税額など一定の項目を追加する必要があります。

---

(3) インボイスの交付には事前の登録が必要

インボイスは，「適格請求書発行事業者」と呼ばれるインボイスの発行を認められた事業者しか交付することができません。この適格請求書発行事業者になるためには，事前に申請を行い，税務署長から適格請求書発行事業者として登録を受ける必要があります（消法57の2①）。

ここで問題となるのが，この適格請求書発行事業者の登録を受けられるのは，課税事業者のみである点です。インボイスは売手側が消費税を納めていることの証明書としての機能を有しますので，インボイスの発行を認められるには，消費税の納税義務がある課税事業者であることが前提となるのです。

そのため，消費税の納税義務が免除されている免税事業者が適格請求書発行事業者として登録を受け，インボイスを発行するためには，自ら課税事業者を選択し，そのうえで適格請求書発行事業者の登録申請を行う必要があります。当然ですが，あえて課税事業者を選択しますので，これまで免除されていた消費税の納税義務が生じることになります。

ところで，適格請求書発行事業者として登録を受けるかは，あくまでもその事業者の任意です。業種や取引先の属性によっては，必ずしもインボイスを発行する必要がないケースもありますので，登録を受けるか否か慎重に判断することが必要です。

> ┌─────────────┐
> │ ポイント3 │
> └─────────────┘
> 　インボイスを交付するためには、「適格請求書発行事業者」として事前に登録を受ける必要があります。

(4)　なぜインボイス制度を導入する必要があるのか

　これまで見てきたとおり、インボイス制度の開始にあたっては、インボイスの発行のための登録申請や請求書等への記載事項の追加など、各事業者に対して制度対応の負担を強いることになります。それでもなお、インボイス制度を導入する理由はどこにあるのでしょうか。

　1つ目は、各事業者における消費税の納付税額の計算をより適正に行えることです。インボイスを導入することによって、売手側が買手側に対して正確な適用税率や消費税額等を伝えることができますので、買手側における仕入税額控除の金額をより正確に計算することができるようになります。

　もう1つは、免税事業者のいわゆる「益税の問題」の解消です。すべての事業者が課税事業者であれば、買手側の仕入税額控除の金額は売手側が納付する消費税額と一致しますので、元々想定されていた消費税の徴税の仕組みに適うことになります。しかし、各取引段階に免税事業者が加わると問題が生じます。

　免税事業者であっても、売上の際に消費税を上乗せすることは問題ありません。しかし、免税事業者は消費税の納税義務がありませんので、預かった消費税を自らの利益（益税）とすることが可能となってしまいます。**図表1-6**の消費税①（4,000円）がこれに相当します。その結果、各取引段階で事業者が納付した消費税額の合計と最終的に消費者が負担した消費税額が一致しないという現象が生じ、国としては消費税の徴税漏れが発生してしまいます。

　インボイス制度においては、免税事業者はインボイスを発行することができませんので、買手側では仕入税額控除の適用が受けられず、消費税の納税負担が大きくなります。仮に同条件の取引があった場合に、買手側ではインボイスを発行してくれる適格請求書発行事業者との取引を優先し、インボイスを発行

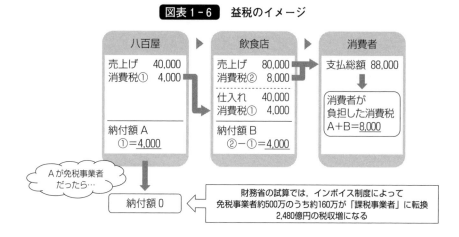

図表1-6　益税のイメージ

することができない免税事業者との取引を敬遠するインセンティブが働きます。インボイス制度を導入することによって，免税事業者に対して課税事業者を選択することを促し，免税事業者の益税の問題を解消しようというのがインボイス制度を導入するもう1つの理由となっているのです。

> ポイント4
> インボイス制度の導入の目的は，①適正な消費税額の計算，②益税の解消の2点です。

⑸　インボイス制度導入による影響は？

　インボイス制度の導入によって最も影響を受けるのは免税事業者である売手です。また，免税事業者である売手と取引を行う買手にとっても大きな影響が生じますので，自身が免税事業者でないからといって軽視するのではなく，売手・買手双方の立場でそれぞれに及ぼす影響を理解しておくことが重要です。

　まず，現行の制度においては，買手側で売手側が発行する一定の請求書等を保存しておけば，消費税の計算上，仕入税額控除の適用を受けることができます。すなわち，売手側が課税事業者・免税事業者いずれであっても，仕入税額控除の適用を受けることができるのです。

　一方，インボイス制度がはじまると，消費税の計算上，仕入税額控除の適用を受けるためにはインボイスの保存が必要となります。適格請求書発行事業者である売手と取引を行った場合には，買手側でインボイスを保存することができますので，仕入税額控除の適用を受けることができます。しかし，免税事業者などの適格請求書発行事業者以外の売手と取引を行った場合には，彼らはインボイスを発行することができませんので，買手側でインボイスを保存することができず，仕入税額控除の適用を受けることができません。結果として，買手側で納付する消費税額が増加することになります。

　したがって，買手としては，免税事業者である売手に対して課税事業者を選択し，適格請求書発行事業者の登録を受けることを求める必要があります。これに応じてもらえなければ，例えば売手に対して消費税の一部に相当する金額の値引きを要請したり，影響が大きい場合には，免税事業者である売手との取引を打ち切るといった対応をとる必要が生じます。

　一方，免税事業者である売手においては，従来と同じ条件で取引を継続すると買手に対して消費税の納税負担が増加するという不利な取扱いを強いることになります。相対的に価格が高くなり，商品やサービスの競争力が低下することにつながります。その結果，大切な取引先を失う可能性も出てきます。買手と価格交渉を行うという選択肢もありますが，まずは適格請求書発行事業者の登録申請を検討するのがよいでしょう。適格請求書発行事業者になることで，インボイスを発行することが可能となり，買手とこれまでの取引関係を維持することができます。しかし，同時に課税事業者を選択することになりますので，これまで免除されていた消費税の納税義務が生じることになります。当然ですが，納税にあたっては，消費税の申告を行うことも必要となります。それに伴い，経理業務の負担も大幅に増加することになります。

　インボイス制度の導入にあたって，免税事業者である売手は，取引先との関係性や自身の消費税の申告及び納税の負担などを勘案して対応方針を検討する必要があります。一方，買手においても，免税事業者との取引がどの程度あるのか，取引先に対してどのような対応を求めていくのか十分に検討する必要が

図表1-7　インボイス制度導入による影響

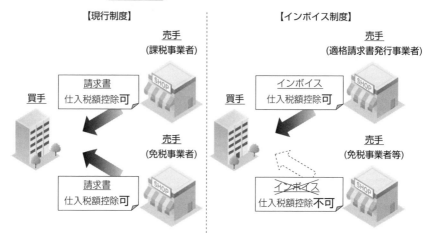

現行制度においては，免税事業者からの仕入れについても仕入税額控除が可能。

免税事業者からの仕入れについては，インボイスの保存ができないため，仕入税額控除ができない。

図表1-8　買手側の納税額への影響

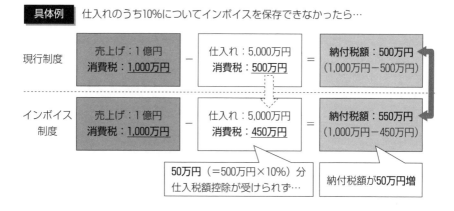

あります。

ポイント5

　免税事業者はインボイスを発行することができないため，課税事業者への転換や取引価格の見直しといった対応を求められる可能性があります。

⑹　仕入税額控除の経過措置

インボイス制度においては，免税事業者や消費者，又は登録を受けていない課税事業者など，適格請求書発行事業者以外の者からの仕入れについては，仕入税額控除の要件となるインボイスの交付を受けることができないため，仕入税額控除を行うことができなくなります（消法30⑦）。

しかし，インボイス制度がはじまる2023年10月から適格請求書発行事業者以外の者に支払った消費税が一切仕入税額控除を受けられなくなるのは影響が大きすぎるということで，インボイス制度開始後 3 年間は仕入税額相当額の80％を，その後の 3 年間は仕入税額相当額の50％を控除可能とする経過措置が設けられています（平成28年改正法附則52，53）。

なお，この経過措置の適用を受けるためには，免税事業者等から受領した請求書等の保存と，例えば「80％控除対象」などこの経過措置を受ける旨を記載した帳簿の保存が必要となります。

> ポイント 6
> 取引先に免税事業者がいる場合には，仕入税額控除の経過措置を考慮したうえで，どのような対応を求めるのか検討する必要があります。

図表 1 - 9　仕入税額控除の経過措置

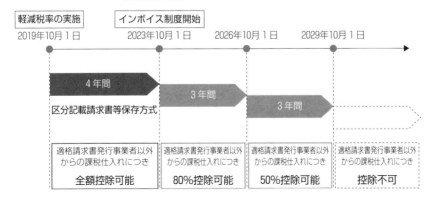

(7) 適格請求書発行事業者となる場合の負担軽減措置（2割特例）

　免税事業者が適格請求書発行事業者として登録を受けた場合には，自動的に課税事業者となります。課税事業者となった場合には，消費税の申告・納税の義務が生じます。しかし，これまで消費税の納税義務が免除されてきた免税事業者にとって，消費税の申告・納税を行うことは経済的にも事務的にも負担が大きく，これによりインボイス制度への対応に二の足を踏む事業者が多いのが現状です。

　この負担を軽減するため，インボイス制度を機に適格請求書発行事業者として登録を受けるために課税事業者となった場合には，売上税額の2割を消費税の納税額とすることができる特例（いわゆる2割特例）が設けられました（平成28年改正法附則51条の2①②）。2割特例を適用できる期間は，インボイス制度が開始する2023年10月1日から2026年9月30日までの3年間となります。なお，2割特例の適用にあたっては，事前の届出は必要なく，消費税の申告時に消費税の確定申告書に2割特例の適用を受ける旨を記載することで適用を受けることができます。また，2割特例を適用して申告した翌課税期間において継続して2割特例を適用しなければならないといった制限もありません。課税期間ごとに2割特例を適用して申告するか否かについて判断することができます（平成28年改正法附則51条の2③）。

　ところで，2割特例と簡易課税制度ではどちらが有利になるのでしょうか。**図表1-10**のとおり，第1種事業と第2種事業以外は，2割特例を適用した方が有利となります。継続適用が求められない点で第2種事業であっても，2割特例を選択した方が有利といえるでしょう。一方，一般課税については，いずれが有利になるかはケースバイケースです。赤字である場合や設備投資などを行い，仕入税額が多額になる場合においては，一般課税が有利となる可能性がありますので，2割特例の適用の際に注意するようにしてください。

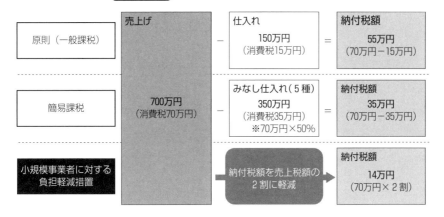

図表 1-10　2割特例と他の申告方法の比較

ポイント7

　免税事業者は，2割特例を考慮したうえで，インボイス制度への対応を検討する必要があります。

③　インボイス制度対応の判断ポイント

(1)　インボイス制度への対応はあくまでも任意

　インボイス制度がはじまるからといって，すべての事業者が適格請求書発行事業者の登録申請をしなければならないわけではありません。あくまでも登録は任意であり，事業者の判断に委ねられるのです。

　課税事業者であれば，インボイス制度に対応することによるデメリットはありませんので，適格請求書発行事業者として登録を行い，インボイス制度への対応を進めて問題ありません。

　一方，免税事業者の場合，判断に頭を悩ませることになります。その判断の際には，長期的な視点で検討する必要があります。短期的には消費税の負担が

増加することに加え，申告を行うための事務負担も増加するといった悪いイメージばかりが先行してしまいます。しかし，インボイスの発行ができないことによって営んでいる事業の競争力低下につながる可能性があることを見落としてはなりません。消費税の申告や納税を嫌うあまり，それ以上の取引先を失っては元も子もないのです。なお，消費税の申告や納税については，令和5年度税制改正において，3年間という期限付きながら，消費税の納付税額を売上税額の2割とする2割特例が設けられ，経済的にも事務的にも負担軽減が図られました。それでもなお，免税事業者がインボイス制度に対応することにより増加する負担は決して小さいものではありません。免税事業者は，長期的な視点を持ちつつ，慎重にインボイス制度への対応要否を見極める必要があります。

(2) 免税事業者の対応要否の判断ポイント

　免税事業者がインボイス制度への対応要否を判断する際のポイントは，「買手がインボイスの発行を必要としているか否か」です。買手がインボイスの発行を必要とするのは，消費税の計算上，仕入税額控除の適用を受けるためにインボイスの保存が必要だからです。いい換えれば，消費税の申告・納税を行っていない，あるいは，仕入税額控除の適用を受ける必要がない取引先ばかりの場合，免税事業者はインボイス制度に対応する必要がないわけです。

　まず，BtoB取引の場合，買手の多くは消費税の申告・納税を行っているでしょうから，仕入税額控除の適用を受けるためにインボイスの発行を求めてくることが多いと想像されます。もちろん中には簡易課税制度を適用していて，インボイスの保存を必要としない買手も存在すると考えられますが，通常売手側で買手側の消費税の計算方法を知るすべはありません。BtoB取引を行う免税事業者の場合は，インボイスの発行を求められることを前提にインボイス制度への対応を検討する方がよいでしょう。また，今後はインボイスの発行ができなければ新規顧客の開拓時にも不利な影響があると考えられます。事業の継続性の観点からもインボイス制度への対応が必要となるでしょう。

　次に，買手として一般の消費者が多数を占める小売業，飲食業などのBtoC

取引の場合はもう少し複雑です。例えば，家族やプライベートでの利用など買手が最終消費者となる場合，最終消費者はそもそも消費税の申告・納税を行っていませんから，インボイスの発行を求められることもないと考えられます。しかし，ビジネスでの利用者が比較的多い業態の場合，利用者自身，あるいは，利用者が勤務する企業において，消費税の計算をし，仕入税額控除の適用を受けている可能性が高く，したがって，インボイスの発行を求められる可能性も高いと考えられます。実際には，ビジネスでの利用とそれ以外の利用のうち，どちらか一方しかないというのは稀で，営む業態によって買手の属性や割合が異なります。インボイスの発行可否によってどの程度事業に影響があるかシミュレーションしながら，インボイス制度への対応を検討する必要があります。

　このように，免税事業者がインボイス制度に対応するか判断する際には，買手がインボイスの発行を必要としているかという点から判断することがポイントです。もちろん，課税事業者になることによって新たに生じる消費税の申告及び納税義務の問題も忘れてはなりません。インボイス制度に対応するかを判断する際には，買手がインボイスの発行を必要としているか，そしてそれに応じることによって事業の継続に与えるメリットと新たに生じる消費税の申告・納税の負担というデメリットを多面的に判断することが重要です。

図表1-11　インボイス制度対応要否フローチャート

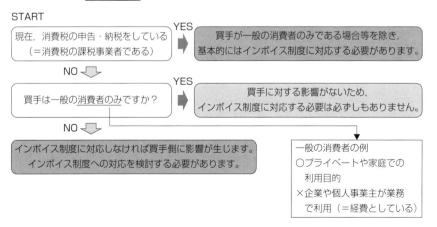

インボイス制度の
開始に向けて

☞ **Point**

- インボイス制度の開始に備えて，インボイスを交付するための発行者側の準備だけでなく，受領者側の検討事項も漏れなく確認しておくことが重要です。
- 発行者，受領者ともにインボイス制度の導入により業務の負担が重くなることが想定されます。関連する業務のシステム化も含め，業務フローの見直しを実施しましょう。

1 インボイス制度がはじまるまでに何をすればよい？

　インボイス制度の開始に備えて，インボイスの発行者（売手）と受領者（買手）の立場それぞれの準備を進める必要があります。

　発行者として準備すべき事項は，インボイスを発行するために適格請求書発行事業者として登録申請をすることと現在使用している請求書や領収書等をインボイスの要件を満たすことができるようバージョンアップすることです。

　一方，受領者としては，仕入税額控除の適用を受けるためにインボイスを受領し，保存することが必要となります。インボイスを受領できるかは取引先の対応次第ですが，取引先に任せきりにしてしまうのではなく，インボイスを受領し，保存することができる体制や環境を自ら整えていくことが重要です。例えば，取引先に対して適格請求書発行事業者の登録番号や申請の状況を確認し

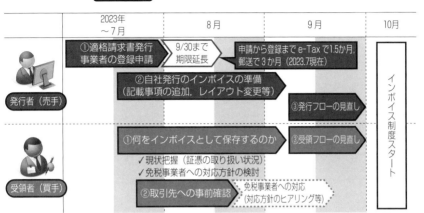

図表 2 - 1 インボイス制度対応ロードマップ

たり，どの書類を保存すればインボイスの要件を満たすことができるか事前に検討することが必要となります。

　さらに，インボイス制度の導入により，発行者・受領者の立場いずれにおいても経理業務の負担が増大することが懸念されます。経理業務の負担増をなるべく抑えられるよう，従来の業務フローを見直すこともインボイス制度開始までの重要なポイントとなります。

② インボイス発行者における 3 つのポイント

(1) 適格請求書発行事業者の登録が最優先

① インボイスを発行するためには登録が必要

　インボイスを発行することができるのは，事前に登録を受けた適格請求書発行事業者に限られます。適格請求書発行事業者の登録を受けようとする事業者は，納税地の所轄税務署長に「適格請求書発行事業者の登録申請書」（以下「登録申請書」といいます）を提出する必要があります（消法57の 2 ②，インボイス通達 2 - 1 ）。

　なお，適格請求書発行事業者の申請を行うかどうかはあくまでも事業者の任意です。また，前述のとおり，登録を受けられるのは課税事業者に限られます。免税事業者が適格請求書発行事業者としてインボイスを発行するためには，課税事業者を選択し，そのうえで登録申請を行う必要があります。免税事業者が登録を受けるべきか検討する際には，P.20を参照してください。

②　申請から登録までの流れ

　適格請求書発行事業者の登録を受けようとする事業者は，納税地の所轄税務署長に登録申請書を提出します。登録申請書は国税庁のHPでダウンロードすることができます。登録申請書の提出方法には，e-Taxによる提出と各国税局のインボイス登録センターへの郵送の2つの方法があります。各国税局のインボイス登録センターの所在地は，国税庁の「インボイス制度特設サイト」で確認することができます。

　登録申請書の提出後は，税務署において審査が行われ，審査で問題が無ければ，税務署から事業者に対して適格請求書発行事業者の登録番号が記載された

図表2-2　　登録申請の流れ

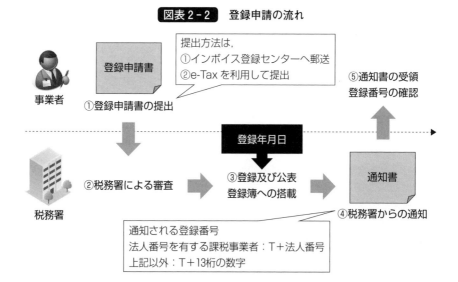

第 1−(1)号様式

国内事業者用

適格請求書発行事業者の登録申請書

【1／2】

収受印			

令和　年　月　日

<table>
<tr><td rowspan="12">申 請 者</td><td>（ フ リ ガ ナ ）</td><td colspan="2"></td></tr>
<tr><td>住 所 又 は 居 所
（ 法 人 の 場 合 ）
本 店 又 は
主 た る 事 務 所
の 所 在 地</td><td colspan="2">（〒　　−　　）
◎（法人の場合のみ公表されます）

（電話番号　　−　　−　　）</td></tr>
<tr><td>（ フ リ ガ ナ ）</td><td colspan="2">（〒　　−　　）</td></tr>
<tr><td>納 税 地</td><td colspan="2">
（電話番号　　−　　−　　）</td></tr>
<tr><td>（ フ リ ガ ナ ）</td><td colspan="2">◎</td></tr>
<tr><td>氏 名 又 は 名 称</td><td colspan="2"></td></tr>
<tr><td>（ フ リ ガ ナ ）</td><td colspan="2"></td></tr>
<tr><td>（ 法 人 の 場 合 ）
代 表 者 氏 名</td><td colspan="2"></td></tr>
</table>

　　　　　税務署長殿　　法 人 番 号 ☐☐☐☐☐☐☐☐☐☐☐☐☐

　この申請書に記載した次の事項（◎印欄）は、適格請求書発行事業者登録簿に登載されるとともに、国税庁ホームページで公表されます。
1　申請者の氏名又は名称
2　法人（人格のない社団等を除く。）にあっては、本店又は主たる事務所の所在地
　なお、上記 1 及び 2 のほか、登録番号及び登録年月日が公表されます。
　また、常用漢字等を使用して公表しますので、申請書に記載した文字と公表される文字とが異なる場合があります。

　下記のとおり、適格請求書発行事業者としての登録を受けたいので、所得税法等の一部を改正する法律（平成28年法律第15号）第 5 条の規定による改正後の消費税法第57条の 2 第 2 項の規定により申請します。
　※　当該申請書は、所得税法等の一部を改正する法律（平成28年法律第15号）附則第44条第 1 項の規定により令和 5 年 9 月30日以前に提出するものです。

　令和 5 年 3 月31日（特定期間の判定により課税事業者となる場合は令和 5 年 6 月30日）までにこの申請書を提出した場合は、原則として令和 5 年10月 1 日に登録されます。

<table>
<tr><td>事 業 者 区 分</td><td colspan="2">この申請書を提出する時点において、該当する事業者の区分に応じ、☐にレ印を付けてください。

　☐ 課税事業者　　　　　☐ 免税事業者

※　次葉「登録要件の確認」欄を記載してください。また、免税事業者に該当する場合には、次葉「免税事業者の確認」欄も記載してください（詳しくは記載要領等をご確認ください。）。</td></tr>
<tr><td>令和 5 年 3 月31日（特定期間の判定により課税事業者となる場合は令和 5 年 6 月30日）までにこの申請書を提出することができなかったことにつき困難な事情がある場合は、その困難な事情</td><td colspan="2"></td></tr>
<tr><td>税 理 士 署 名</td><td colspan="2">
（電話番号　　−　　−　　）</td></tr>
</table>

<table>
<tr><td rowspan="4">※税務署処理欄</td><td>整理番号</td><td></td><td>部門番号</td><td></td><td>申請年月日</td><td>年　月　日</td><td colspan="2">通信日付印　　確認
年　月　日　　印</td></tr>
<tr><td>入力処理</td><td>年　月　日</td><td>番号確認</td><td></td><td>身元確認</td><td>☐ 済
☐ 未済</td><td>確認書類</td><td>個人番号カード／通知カード・運転免許証
その他（　　　　）</td></tr>
<tr><td colspan="2">登録番号 T</td><td colspan="6"></td></tr>
</table>

注意　1　記載要領等に留意の上、記載してください。
　　　2　税務署処理欄は、記載しないでください。
　　　3　この申請書を提出するときは、「適格請求書発行事業者の登録申請書（次葉）」を併せて提出してください。

インボイス制度

（出典）　国税庁 HP

この申請書は、令和三年十月一日から令和五年九月三十日までの間に提出する場合に使用します。

第1-(1)号様式次葉

国内事業者用

適格請求書発行事業者の登録申請書（次葉）

【2／2】

氏 名 又 は 名 称	

この申請書は、令和三年十月一日から令和五年九月三十日までの間に提出する場合に使用します。

該当する事業者の区分に応じ、□にレ印を付し記載してください。

免税事業者の確認

□ 令和5年10月1日から令和11年9月30日までの日の属する課税期間中に登録を受け、所得税法等の一部を改正する法律（平成28年法律第15号）附則第44条第4項の規定の適用を受けようとする事業者
※ 登録開始日から納税義務の免除の規定の適用を受けないこととなります。

個 人 番 号			
事業内容等	生年月日（個人）又は設立年月日（法人）	○明治 ○大正 ○昭和 ○平成 ○令和　　年　　月　　日	法人のみ記載 事 業 年 度 ／ 自　　月　　日 至　　月　　日 資 本 金　　円
	事 業 内 容		登録希望日 （令和5年10月1日を希望する場合、記載不要）令和　年　月　日

□ 消費税課税事業者（選択）届出書を提出し、納税義務の免除の規定の適用を受けないこととなる課税期間の初日から登録を受けようとする事業者

課税期間の初日
※ 令和5年10月1日から令和6年3月31日までの間のいずれかの日
令和　年　月　日

登録要件の確認

課税事業者です。 ※ この申請書を提出する時点において、免税事業者であっても、「免税事業者の確認」欄のいずれかの事業者に該当する場合は、「はい」を選択してください。	□ はい　□ いいえ
納税管理人を定める必要のない事業者です。 （「いいえ」の場合は、次の質問にも答えてください。）	□ はい　□ いいえ
納税管理人を定めなければならない場合（国税通則法第117条第1項） 【個人事業者】　国内に住所及び居所（事務所及び事業所を除く。）を有せず、又は有しないこととなる場合 【法人】　国内に本店又は主たる事務所を有しない法人で、国内にその事務所及び事業所を有せず、又は有しないこととなる場合	
納税管理人の届出をしています。 「はい」の場合は、消費税納税管理人届出書の提出日を記載してください。 消費税納税管理人届出書　（提出日：令和　年　月　日）	□ はい　□ いいえ
消費税法に違反して罰金以上の刑に処せられたことはありません。 （「いいえ」の場合は、次の質問にも答えてください。）	□ はい　□ いいえ
その執行を終わり、又は執行を受けることがなくなった日から2年を経過しています。	□ はい　□ いいえ

参考事項

（出典）国税庁HP

通知書が送付され，登録申請手続きが完了となります（消法57の2③④）。なお，登録番号などの公表情報は，国税庁の「適格請求書発行事業者公表サイト」で公開されます。

③　申請スケジュール

インボイス制度が開始される2023年10月1日において登録を受けるためには，2023年9月30日までに納税地を所轄する税務署長に登録申請書を提出する必要があります（平成28年改正法附則44①，改正令附則15①）。

とはいえ，すでに取引先から登録番号や申請状況を確認するための書面を受け取られている事業者も多くいらっしゃると思いますし，自社の登録番号を取引先に周知するといった手続きも必要になると考えられます。また，提出してから登録を受けるまでの標準的な処理期間として，e-Tax の場合は1か月半程度，書面提出の場合は3か月程度が見込まれています（2023年5月現在）。まだ申請手続きが完了していない事業者は，インボイス制度開始時点でインボイスを発行することができるよう早急に申請手続きを進めましょう。

図表2-3　**発行事業者の登録申請スケジュール**

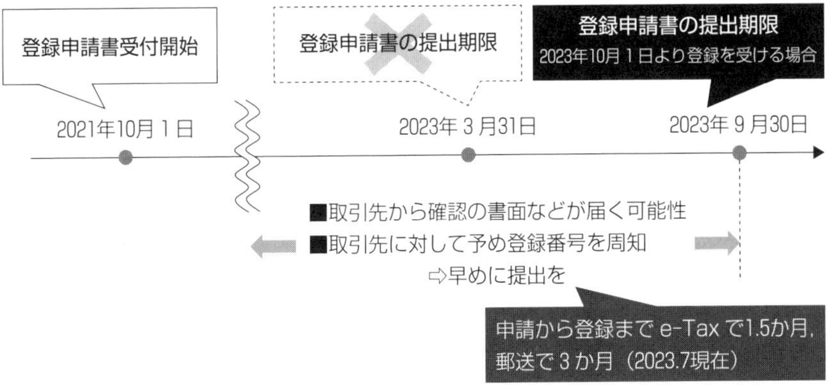

登録申請書受付開始

登録申請書の提出期限 ✕

登録申請書の提出期限
2023年10月1日より登録を受ける場合

2021年10月1日　　　　　2023年3月31日　　　　　2023年9月30日

■取引先から確認の書面などが届く可能性
■取引先に対して予め登録番号を周知
⇨早めに提出を

申請から登録まで e-Tax で1.5か月，郵送で3か月（2023.7現在）

ポイント1

　インボイスを交付するためには，事前に「適格請求書発行事業者」の登録が必要です。申請から登録には一定期間を要しますので，余裕を持って手続きを完了させる必要があります。

> **Column** 適格請求書発行事業者の登録申請期限の実質的な延長
>
> 　インボイス制度がはじまる2023年10月1日時点で適格請求書発行事業者の登録を受けるためには，原則として2023年3月31日までに登録申請を行うことが必要とされていました。従来，この期限までに登録申請書を提出できなかったことについて困難な事情がある場合にはこの限りではないとされており，当該困難な事情を登録申請書に記載すれば，期限後でも申請書を受け付けるという内容になっています。
>
> 　しかし，令和5年度の税制改正の内容を踏まえ，期限後に提出する登録申請書に記載する困難な事情については，運用上，記載がなくとも受け付けるものとされ，実質的に2023年9月30日までの申請については，インボイス制度が開始する2023年10月1日を登録開始日として登録されることになりました。
>
> 　免税事業者にとっては，インボイス制度に対応するか否かを検討する時間的な猶予が与えられることになりましたが，せっかく制度対応を決断し，登録申請を行ったとしてもインボイス制度のスタート時点で登録番号を入手出来ていなければ意味がありません。申請から登録までの処理期間も考慮し，余裕をもって申請を行いましょう。

④　適格請求書発行事業者公表サイト

　税務署による審査をクリアして，適格請求書発行事業者として登録を受けるとその翌日から，国税庁の「適格請求書発行事業者公表サイト」に適格請求書発行事業者の氏名又は名称や登録番号，登録年月日，法人についてはその所在地などの情報が公開されます。また，適格請求書発行事業者の登録が取り消された場合や効力を失った場合も，その年月日が「国税庁適格請求書発行事業者公表サイト」において公表されます（消法57の2④⑪，消令70の5②）。

　個人事業主の場合は，本名が公表される点に注意が必要です。普段，屋号や

芸名，ペンネームで仕事をしている方は本名を知られてしまうことになります。別途申請することで，屋号等を併記することは可能ですが，本名を非公表にすることはできません。また，本名に代えて住民票に記載されている旧姓を氏名として公表することを希望する場合にも別途申請が必要となります。屋号等の併記や旧姓を氏名として公表することを希望する場合には，「適格請求書発行事業者の公表事項の公表（変更）申出書」を提出します。

　なお，個人事業主の住所については，本人が申請しない限り，公表サイト内で公表されることはありません。自宅を事務所にしている方であっても，同サイトから住所を特定されることはありません。

＜国税庁適格請求書発行事業者公表サイト＞

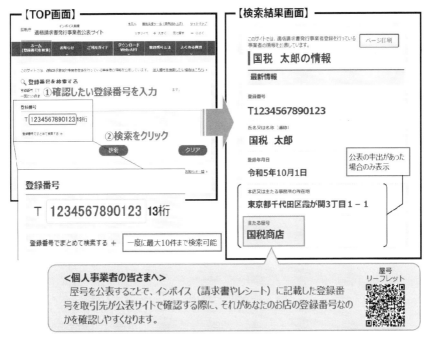

（出典）　適格請求書等保存方式（インボイス制度）の手引き P.11

⑤　免税事業者の登録申請手続きの留意点

　免税事業者が適格請求書発行事業者の登録を受けるために，まずは課税事業者を選択する必要があります。課税事業者を選択するためには，原則として，事前に「消費税課税事業者選択届出書」（以下「課税選択届出書」といいます）を提出する必要があります。

　ただし，2023年10月1日から2029年9月30日までの課税期間中に適格請求書発行事業者の登録を受ける場合には，課税選択届出書を提出しなくても，登録申請書を提出すれば適格請求書発行事業者の登録を受けることができます。これにより適格請求書発行事業者の登録を受けることとなった場合には，登録日（2023年10月1日より前に登録の通知を受けた場合であっても，登録の効力は登録日から生じることとなります）から課税事業者となる経過措置が設けられています（平成28年改正法附則44④，インボイス通達5-1）。

　なお，基準期間における課税売上高が1,000万円以下の事業者は，原則として，消費税の納税義務が免除され，免税事業者となりますが，適格請求書発行事業者は，基準期間における課税売上高が1,000万円以下となった場合でも，「適格請求書発行事業者の登録の取消しを求める旨の届出書」（以下「登録取消届出

図表2-4　免税事業者の場合の登録申請

書」といいます）を提出し，適格請求書発行事業者の登録の効力が失われない限り，免税事業者になることができませんので，注意が必要です（消法 9 ①，インボイス通達 2 - 5 ）。

　また，上記経過措置の適用を受けた場合，登録を受けた日から 2 年を経過するまでの課税期間中は，免税事業者になることができない（登録を受けた日が2023年10月 1 日の属する課税期間である場合を除きます）ため，登録取消届出書を提出し，適格請求書発行事業者の登録の効力が失われても，基準期間の課税売上高にかかわらず，課税事業者として消費税の申告が必要となります（平成28年改正法附則44⑤）。

　なお，免税事業者が適格請求書発行事業者の登録を受ける際には，これと合わせて簡易課税制度を選択するケースが考えられます。本来であれば，簡易課税制度の適用を受けようとする課税期間の直前の課税期間中に，「簡易課税制度選択届出書」を提出する必要があります（消法37①，消規17①）。

　ただし，免税事業者が2023年10月 1 日から2029年 9 月30日までの課税期間中に適格請求書発行事業者の登録を受け，登録を受けた日から課税事業者となる場合，その課税期間から簡易課税制度の適用を受ける旨を記載した「消費税簡易課税制度選択届出書」をその課税期間中に提出すれば，その課税期間から簡易課税制度を適用することができる特例が設けられています（改正令附則18）。

図表 2 - 5　簡易課税の選択適用の特例

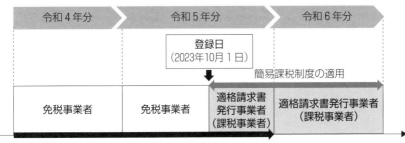

「消費税簡易課税制度選択届出書」提出期間
※令和 5 年分から適用する旨を記載

(2)　インボイスを発行するための事前準備

①　インボイスの記載事項

　インボイスは，「売手が，買手に対し正確な適用税率や消費税額等を伝えるためのツール」ですので，その役割を果たすため，インボイスに記載すべき事項は消費税法で定められています（消法57の4①）。

　インボイスに記載しなければならない事項は，**図表2-6**をご参照ください。特に，インボイス制度の開始に伴い新たに記載しなければならない事項（表中の下線）を追加することがポイントとなります。なお，インボイスはこれらの事項が記載されていれば，請求書のほか，納品書や領収書など書類の名称を問わず，インボイスとして使用することができます。また，定型の様式はなく，既存の請求書等では不足する記載事項を追加する方法で準備しても差し支えありません。さらに，その作成方法についても定めはなく，専用のシステムやExcelなどの表計算ソフトで作成するほか，手書きであっても構いません。

　インボイス制度の開始に伴い新たに追加すべき1つ目の事項は，適格請求書発行事業者として登録を受けた際に付与される登録番号（①）です。インボイ

図表2-6　インボイスの記載事項

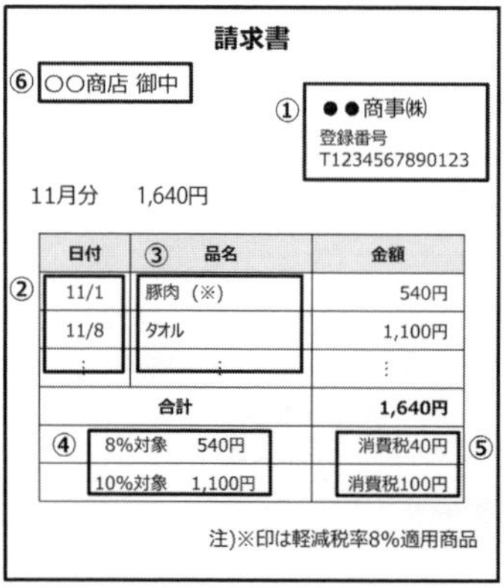

	インボイスの記載事項
①	適格請求書発行事業者の氏名又は名称及び登録番号
②	取引年月日
③	取引内容（軽減税率の対象品目である旨）
④	税率ごとに区分して合計した対価の額（税抜又は税込）及び適用税率
⑤	税率ごとに区分した消費税額等
⑥	書類の交付を受ける事業者の氏名又は名称

ス制度においては，インボイスを発行することができるのは適格請求書発行事業者に限られますので，登録番号を記載する必要があります。

　次に，追加すべき事項の2つ目は，適用される税率（④）及び税率ごとに区分した消費税額（⑤）です。インボイス制度は，標準税率と軽減税率という複数の税率が導入されている状況において，消費税の納税額を正しく計算するために導入される制度です。したがって，売手が買手に対して正確な適用税率や消費税額等を伝えるため，インボイスにはこれらの事項を記載することが求められるのです。

　また，インボイスは電子データでの提供も認められており（いわゆるデジタルインボイス），その記載事項は書面によるインボイスの記載事項と同じ内容となっています（消法57の4⑤）。なお，デジタルインボイスは電子帳簿保存法の電子取引に該当します。その保存方法については，P.182をご参照ください。

②　複数書類の組み合わせも OK

　インボイスは，必要な事項が記載された請求書，納品書等の書類を指しますが，必ずしも一の書類ですべての記載事項を満たす必要はなく，交付された複数の書類相互の関連性が明確であり，インボイスの交付対象となる取引内容を正確に認識できる方法（例えば，請求書に納品書番号を記載する方法など）で

図表2-7　複数書類による対応

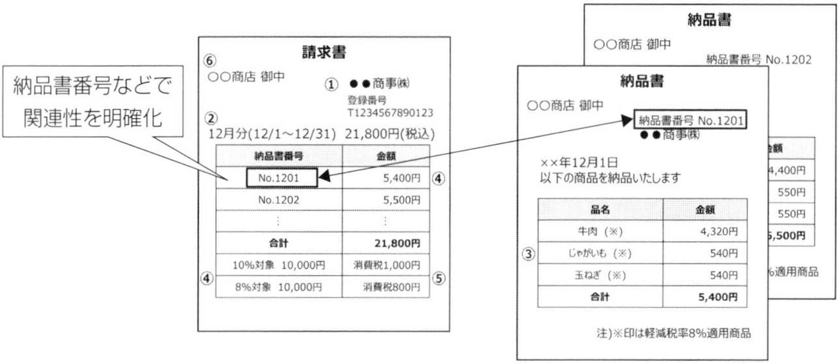

交付されていれば，これら複数の書類に記載された事項によりインボイスの記載事項を満たすことができるとされています（インボイス通達3-1）。

　さらに，書類と電子データの関連性が明確であり，書類と電子データ全体で記載事項を満たすのであれば，その書類と電子データを合わせて一のインボイスとして運用することも可能です（インボイス通達3-2）。

③　取引先コード表による対応

　インボイスに記載が求められる，「適格請求書発行事業者の氏名又は名称及び登録番号」については，登録番号と紐付けて管理されている取引先コード表などを適格請求書発行事業者である売手とその取引相手である買手の間で共有できており，かつ，買手においても取引先コードから登録番号が確認できる場合には，取引先コードの表示により「適格請求書発行事業者の氏名又は名称及び登録番号」の記載があると認められます（インボイス通達3-3）。

　また，適格請求書に記載する氏名又は名称については，例えば，電話番号を記載するなどし，適格請求書を発行する事業者が特定できるのであれば，屋号や省略した名称などの記載でも差し支えありません。

④　交付義務が免除される取引

　適格請求書発行事業者が行う事業の性質上，インボイスを交付することが困難な取引については，インボイスの交付義務が免除されます（消令70の9②）。

図表2-8　インボイスの交付義務が免除される取引

①　3万円未満の公共交通機関による旅客の運送
②　生鮮食料品等の出荷者が卸売市場において行う生鮮食料品等の販売
③　農林水産物の生産者が農業協同組合，漁業協同組合又は森林組合等に委託して行う農林水産物の販売
④　3万円未満の自動販売機及び自動サービス機からの商品の購入等
⑤　郵便切手類のみを対価とする郵便・貨物サービス

インボイスの交付義務が免除される取引は**図表 2 - 8** のとおりです。

⑤　売上の値引きや返品を行った場合（返還インボイスの交付）

適格請求書発行事業者が，売上について値引きや返品を行った場合には，適格返還請求書（以下「返還インボイス」といいます）を交付する義務があります。返還インボイスに記載が求められる事項は**図表 2 - 9** のとおりです（消法57条の 4 ③）。なお，インボイスと同様，返還インボイスについても，電子データによる提供が可能となっています（インボイス通達 3 - 2 ）。

また，一の取引先に対してインボイスと返還インボイスを交付する場合においては，インボイスと返還インボイスそれぞれに必要な事項を記載して，一枚の書類で交付することも可能です。この場合，原則として，売上の金額と値引き等の金額のそれぞれを記載する必要がありますが，継続して，①売上の金額から値引き等の金額を控除した金額，及び②その金額に基づき計算した消費税額等を税率ごとに請求書等に記載する場合には，その記載をもって，必要な記載事項を満たすこともできます（インボイス通達 3 -16）。

図表 2 - 9　返還インボイスの記載事項

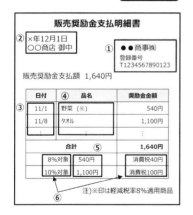

	返還インボイスの記載事項
①	適格請求書発行事業者の氏名又は名称及び登録番号
②	対価の返還等を行う年月日
③	対価の返還等の基となった取引を行った年月日
④	対価の返還等の取引内容（軽減税率の対象品目である旨）
⑤	税率ごとに区分して合計した対価の返還等の金額（税抜又は税込）
⑥	対価の返還等の金額に係る消費税額等又は適用税率

図表 2-10　売上金額と対価の返還等の金額をそれぞれ記載する場合

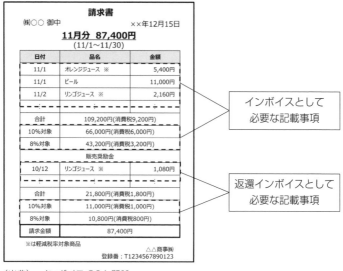

（出典）　インボイス Q&A 問60

図表 2-11　対価の返還等を控除した後の金額を記載する場合の記載例

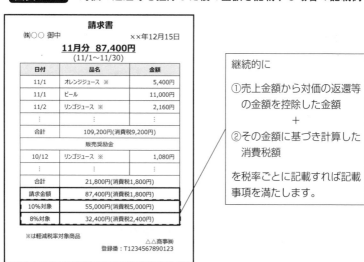

（出典）　インボイス Q&A 問60

　なお，令和5年度税制改正により，売上げに係る対価の返還等に係る税込価額が1万円未満である場合には，返還インボイスの交付義務が免除されます（新消法57の4③，新消令70の9③二）。

　また，実務上，売手からの代金請求について，取引当事者の合意の下で買手が振込手数料相当額を請求金額から差し引いて支払うことにより売手が当該振込手数料相当額を負担するケースが存在しますが，当該振込手数料相当額を売上げに係る対価の返還等として処理する場合，上記返還インボイスの交付義務免除の対象となります（インボイス一問一答30）。このほか，経理処理を支払手数料としつつ，消費税の計算上，売上げに係る対価の返還等とすることもでき，この場合には，例えば会計システムにおける支払手数料の消費税コードを売上げに係る対価の返還等と分かるように別に用意するといった，通常の支払手数料と判別できるように対応する必要があります（インボイス一問一答31）。

⑥　不特定多数の者と取引を行う場合（簡易インボイスの交付）

　不特定多数の者を相手とする事業者の場合は，インボイスの交付に代えて，一部の記載項目を省略した「適格簡易請求書」（以下「簡易インボイス」といいます）の交付でよいこととされています。記載の省略が認められている事項は，「書類の交付を受ける事業者の氏名又は名称」と「適用税率又は税率ごとの消費税額のいずれか」です（消法57の4②，消令70の11）。

　不特定多数の者を相手とする場合に，取引ごとに「書類の交付を受ける事業者の氏名又は名称」を記載するのは現実的ではありません。また，簡易インボイスとは，要するにレシートです。レシートはそのサイズが小さいことから，「適用税率」と「税率ごとの消費税額」のいずれかの記載でよいこととされたと考えられます。

| 簡易インボイスを交付することができる事業 |

①小売業　②飲食店業　③写真業　④旅行業　⑤タクシー業
⑥駐車場業（不特定多数の者に対するものに限ります）　⑦その他これらに準ずる事業

図表2-12 簡易インボイスの記載事項

簡易インボイスの記載事項
① 適格請求書発行事業者の氏名又は名称及び登録番号
② 取引年月日
③ 取引内容（軽減税率の対象品目である旨）
④ 税率ごとに区分して合計した対価の額（税抜又は税込）
⑤ 適用税率又は税率ごとに区分した消費税額等

図表2-13 簡易インボイスとインボイスの比較

	インボイス	簡易インボイス
交付を受ける者の氏名又は名称	記載要	省略可
適用される税率	両方記載が必要	どちらか一方を記載すればよい
適用される税率ごとの消費税額		

⑦ インボイスに記載する消費税額の端数処理

インボイスに記載すべき「消費税額」については，取引に係る税抜価額又は税込価額を税率ごとに区分して合計した金額に対して，10％又は8％（税込の場合は10/110又は8/108）を乗じて計算した金額に対して端数処理を行い，「消費税額」を算出します。したがって，インボイスの記載事項である「税率ごとに区分した消費税額」に1円未満の端数が生じる場合には，一のインボイスにつき，税率ごとに1回の端数処理を行うことになります（消令70条の10，インボイス通達3-12）。なお，端数処理は，「切上げ」，「切捨て」，「四捨五入」な

ど任意の方法で行うことができます。

　ところで，現行の区分記載請求書等保存法式においては，消費税額が記載事項として求められていないため，端数処理のルールが定められていません。したがって，現行のルールでは商品単位ごと（明細行ごと）に端数処理を行うことが一般的です。

　現在，おそらく多くの事業者は，商品単位あるいは明細行ごとに端数処理を行っていると思われますので，請求書等を発行するためのシステムが新しい端数処理のルールに対応できるか，確認する必要があります。また，Excel を用いて請求書を作成し，これを印刷・郵送している事業者も多いと思われますが，その場合には当該 Excel の端数処理のルールを改修する必要があります。Excel で作成する場合には，担当者が各々利用しやすいように独自のフォーマットに加工して使用しているケースも少なくありません。この場合，各担当者に端数処理のルール変更を任せるのは現実的ではなく，インボイス制度の開始までに端数処理のルールを変更したフォーマットを全社的に再度配布するといった対応が必要となるでしょう。また，手書きの領収書をインボイスとして利用する場合も，各担当者に端数処理のルールを徹底させることは困難が予想されます。

　このように，インボイス制度が求める端数処理のルールに対応するには，シ

図表 2 -14　端数処理のイメージ

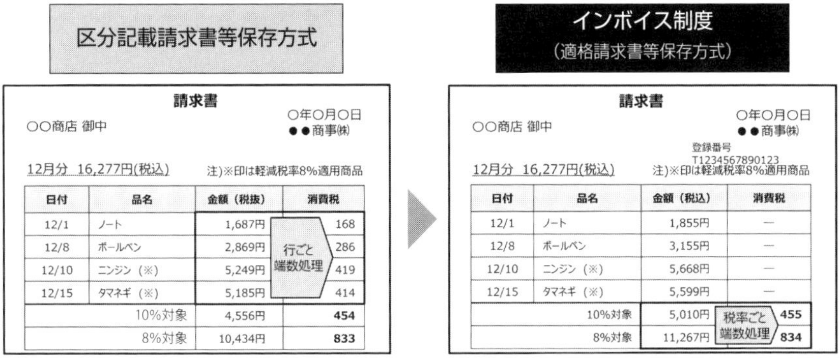

ステムの改修や入れ替えが必要であり，担当者への教育も必要になることが想定されます。いずれの事項も検討や準備に時間を要しますので，早めの対応が求められます。

ポイント2

　インボイス制度の開始までに，まずは基本となるインボイスについて，①記載事項の追加と②端数処理のルール変更に備えましょう。次いで，③返還インボイスや簡易インボイスの準備を進めましょう。

---

(3)　発行者における業務フローの見直し

①　制度改正に伴う業務フローの見直しと社内教育の必要性

　これまでインボイス制度の導入に伴う発行者（売手）側の対応のポイントを見てきました。例えば，インボイスには適格請求書発行事業者の登録番号や適用税率，税率ごとの消費税額などの記載を追加しなければならなかったり，インボイスに記載する消費税額の端数処理のルールにも変更が加わります。

　前項で触れたように，請求書や領収書等を発行するためのシステムがこういったルール変更に対応できるのか確認する必要がありますし，また，システムを導入せず，Excelなどの表計算ソフトを利用しているケースも多いと思われますが，この場合においても，ルール変更に対応したフォーマットを配布するといった対応が必要になると思われます。

　ところで，インボイスとして用いることとなる請求書や領収書等を発行する方は，経理担当者ばかりとは限りません。例えば，営業担当者が請求書を作成している事業者も多いのではないでしょうか。インボイス制度は経理業務に密接に関係していますので，経理担当者はインボイス制度に関する情報を収集し，制度の開始に備えていると思われます。一方，営業担当者をはじめ経理業務になじみのない方々は必ずしもそうとはいえません。もし，インボイス制度に対応していない請求書や領収書が交付された場合，買手側においては，消費税の計算上，仕入税額控除の適用が受けられません。もちろん，内容を修正したイ

ンボイスを再度発行すれば，仕入税額控除の適用が受けられますので，結果的には大きな問題にはなりませんが，余計な手間が生じますし，何より取引先に迷惑がかかります。

　こういった事態を避けるためにも，インボイス制度開始までに請求書や領収書などインボイスとして使用する予定の証憑を発行する業務フローを見直し，かつ，少なくとも当該業務に関わる担当者に対して周知・徹底を図っていく必要があります。

②　インボイスの保存

　これまでインボイスの発行に重きをおいて述べてきましたが，適格請求書発行事業者には，交付したインボイスの写しを保存する義務があります。インボイスの写しについては，交付した日の属する課税期間の確定申告期限から7年間，納税地又は事務所等の所在地に保存しなければなりません。前項の業務フローを見直す際には，保存までを対象として検討するのがよいでしょう。なお，返還インボイス，簡易インボイス及び修正インボイスについても同様に保存義務があります（消法57の4⑥）。

　ここで，「交付したインボイスの写し」とは，交付したインボイスそのものを複写したものに限らず，そのインボイスの記載事項が確認できる程度の内容が記載されていればよいこととされています。したがって，例えば，簡易インボイスに関するレジのジャーナル，複数のインボイスの記載事項に関する一覧表や明細表などを保存できていれば保存義務を果たしたことになります（インボイスQ&A問76）。

　また，インボイスの記載事項については，電子データとして提供することも認められていました。この場合も，書面と同様に保存義務があります（消法57条の4⑥）。

　ところで，インボイスの記載事項を電子データとして提供する場合には，その提供方法によって，①システムなどで作成した電子データを保存する場合と，②PDF形式などで提供した電子データを保存する場合の2つのケースが想定

され，いずれのケースにおいても電子帳簿保存法の要件を満たして保存する必要があります。すなわち，①については，「自己作成帳簿書類の電磁的記録」の保存要件を満たす必要があり，②については，「電子取引」の保存要件を満たす必要があります。詳細はP.145をご参照ください。

③ 請求書発行業務のシステム化が有効

インボイスとして使用することになるであろう請求書等の発行業務については，かねてより負担が重い業務と見られてきました。例えば，請求書の印刷・封入・発送に手間がかかりますし，このための紙代・印刷代・郵送代などの各種コストも発生します。また，請求書発行用のシステムと他のシステムが分かれている場合も多く，二重入力によるムダや転記ミスなどのヒューマンエラーも生じやすい業務といえます。

また，請求書発行用のシステムについては，システムベンダーに個別に開発を委託し，その事業者固有の業務フローやルールに合わせたシステムを利用しているケースが多くあります。このような場合，インボイス制度の導入に伴う各種ルール変更に対応するためのシステムの改修に時間がかかったり，また，多額の費用がかかることも多いようです。最悪の場合，当時開発を委託したシステムベンダーと連絡がつかず，改修を委託することさえできないという話も耳にします。

このような課題を抱える事業者が多いこともあり，インボイス制度の導入に伴う各種ルール変更に対応することができ，さらには，かねてより議論されてきた請求書発行業務の負担軽減につながる汎用的なシステムが数多く提供されています。その機能としては，例えば，請求データをクラウド上でやり取りすることができるため，印刷・封入・発送の手間やこれらに伴う各種コストを削減することができたり，また，会計ソフトなど他のシステムとAPI連携が可能な場合は二重入力や転記ミスを防ぐことができるなどです。

インボイス制度の開始に向けて検討すべき事項は多数存在しますが，このようなシステムを導入することで，検討事項の多くを解消できる可能性がありま

す。また，インボイス制度への対応に加え，業務の効率化も図ることができる
ため，積極的にシステムの利用を検討するのがよいでしょう。

> **ポイント3**
>
> 　請求書等のインボイス発行業務について，システム化を含めて，その業務フローを見
> 直しましょう。

図表2-15　インボイス発行システムの活用イメージ

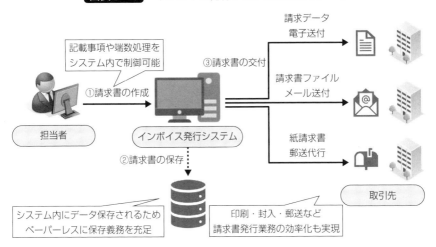

3　インボイス受領者における3つのポイント

(1)　インボイスとして何を保存するか

①　仕入税額控除の要件のおさらい

　インボイス制度においては，一定の事項を記載した帳簿及びインボイス等の
保存が，仕入税額控除の要件として求められます（消法30⑦）。これらの帳簿
及びインボイス等については，確定申告期限から7年間，保存しなければなり
ません（消令50）。

図表2-16　帳簿の記載事項と記載例

① 課税仕入れの相手方の氏名又は名称 ② 取引年月日 ③ 取引内容（軽減税率対象の場合，その旨） ④ 対価の額	例）総勘定元帳「仕入」				
	年月日	相手科目	摘　要	税区分	金額
	4.30	現金	●●商事　4月分	10%	4,400円
	4.30	現金	△△商事　4月分	10%	6,600円

　なお，簡易課税制度を選択している場合は，課税期間における売上税額にみなし仕入率を掛けて計算した金額が仕入税額控除の対象となりますので，インボイス等の保存は仕入税額控除の要件とはなりません。

　仕入税額控除の適用のために必要となる帳簿の記載事項は，**図表2-16**のとおりです。なお，これらの記載事項については，現行の区分記載請求書等保存法式から変更はありません（消法30⑧，平成28年改正法附則34②）。

②　取り扱う証憑の現状把握

　インボイス制度においては，仕入税額控除の要件として，一定の事項を記載した帳簿及びインボイス等の保存が求められますが，やはりポイントとなるのはインボイスの保存です。

　インボイス制度がはじまるまでに，取引先とやり取りしている請求書や領収書等の証憑のうち，どの証憑をインボイスとして保存すればよいか確認しておく必要があります。その際には，まず，原価や販売費及び一般管理費といった一定の区分ごとにおおまかに現状を把握し，次いで，個別の事例などの詳細な確認に移るのがよいでしょう。

　なお，インボイス制度においては，仕入税額控除の適用を受けるために，後述する一部の特例を除き，基本的にはすべての取引についてインボイスを保存することが必要となります。特に，家賃の支払や定額報酬などこれまで請求書等が交付されてこなかった取引についても，仕入税額控除を受けるためには，インボイスの保存が必要となりますので，確認漏れのないよう注意が必要です。

図表2-17　検討表のイメージ

区分	業務フロー	何をインボイスとするか（今後のアクション）
① 原価	売手から請求書・納品書（紙）を受領し，会計システムへ入力	請求書（及び納品書） ⇨適格請求書発行事業者の登録番号の事前確認を実施
② 販売費及び一般管理費（請求書払い）	売手から請求書（紙，PDF等）を受領し，会計システムへ入力	請求書 ⇨適格請求書発行事業者の登録番号の事前確認を実施 ⇨免税事業者へのフォロー要
③ 販売費及び一般管理費（家賃，リース，定額報酬）	通帳からの引き落としを確認し，会計システムへ入力（請求書等の受領無し）	契約書＋通知書など＋通帳コピー ⇨適格請求書発行事業者の登録番号や適用税率，消費税額等の情報を収集
④ 販売費及び一般管理費（経費精算）	経費精算システムに領収書をアップロード。その後，給与計算へ	領収書 ⇨社内関係者への制度周知が必要
⑤ 固定資産	売手から請求書（紙）を受領し，会計システムへ入力	請求書 ⇨適格請求書発行事業者の登録番号の事前確認を実施

③　請求書等が交付されない取引への対応

　ここでは，前項で触れた家賃や定額報酬等の請求書等が発行されない取引の取扱いを取り上げます。インボイス制度が始まると消費税の計算上，仕入税額控除の適用を受けるためには，これらの請求書等が発行されない取引についても，原則としてインボイスの保存が必要となります。もちろん，インボイス制度の開始に伴って請求書や領収書等のインボイスを交付してもらえれば問題はありませんが，なるべく現状の業務フローに変更を加えたくないと考える事業者も多いと思われます。

　それでは，なるべく現状の業務フローに変更を加えずに対応するにはどのよ

うにすればよいでしょうか。これらの取引の根拠となる既存の契約書において
は，インボイスに必要な記載事項のうち，適格請求書発行事業者の登録番号
（①）や適用税率（②），税率ごとに区分した消費税額等（③），そして，取引
年月日（④）の項目が不足していることが想定されます。

　ところで，インボイスに必要な記載事項は，必ずしも一つの書類に記載され
ている必要はありませんので，契約書に加え，①～③を記載した通知書や確認
書を保存し，さらに，④を記載した書類として通帳のコピーや振込明細書を保
存することでインボイスの記載要件を満たすことができます。ここでポイント
となるのは，①～③を記載した通知書や確認書の保存です。取引先が通知書を
交付してくれれば問題ありませんが，インボイスの保存ができずに損失を被る
のは買手側です。むしろ買手側が率先して，これらの事項を確認するための確
認書を作成し，請求書等が交付されない取引を行っている取引先に一括して送
付する等といった対応を検討するのがよいでしょう。

　また，今後新たに契約を締結する場合に備えて，既存の契約書のひな型に①
～③の事項を追加することも必要となります。この場合においては，①～③を
追記した契約書と通帳のコピー等を保存することでインボイスの記載要件を満

図表2-18　請求書等が発行されない取引

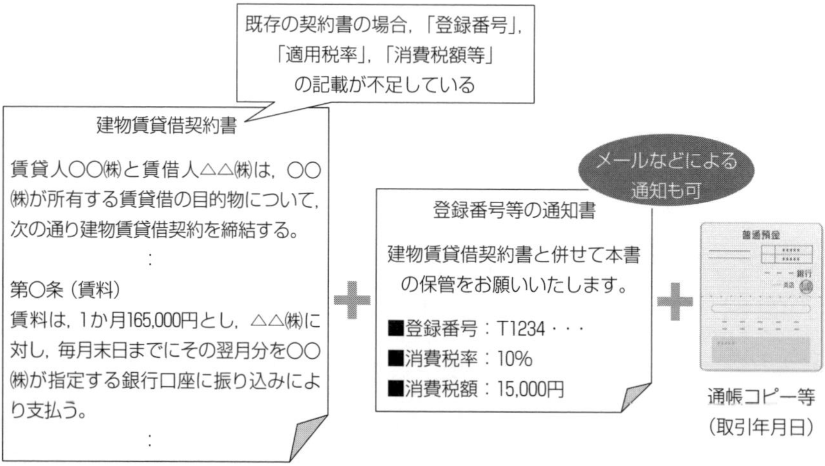

たすことが可能となります（インボイスQ&A問93）。

④　仕入明細書による対応

　現行の制度においては，取引の売手（発行者）側が請求書や領収書等を発行しない取引の場合，取引の買手（受領者）側が発行する仕入明細書や支払明細書の保存をもって仕入税額控除の適用を受けることが認められています。

　インボイス制度においても，買手が作成する一定の事項が記載された仕入明細書等を保存することにより仕入税額控除の適用を受けることができます。この場合，記載する適格請求書発行事業者の登録番号は課税仕入れの相手方（売手）のものとなる点や，現行の制度と同様，課税仕入れの相手方の確認を受けた仕入明細書等に限られる点に留意が必要です（消法30⑨三）。

　なお，相手方の確認を受ける方法については，直接相手方から確認した旨の通知や連絡をもらう方法の他，例えば仕入明細書に「送付後一定期間内に誤りのある旨の連絡がない場合には記載内容のとおり確認があったものとする」といった文言を記載したり，このような内容の通知文書等を添付して送付するといった方法も認められています（インボイス通達4-6）。

図表2-19　仕入明細書の記載事項

	仕入明細書等の記載事項
①	仕入明細書等の作成者の氏名又は名称
②	課税仕入れの相手方の氏名又は名称及び登録番号
③	課税仕入れを行った年月日
④	課税仕入れの内容（軽減税率の対象品目である旨）
⑤	税率ごとに区分して合計した課税仕入れに係る支払対価の額及び適用税率
⑥	税率ごとに区分した消費税額等

⑤　3万円未満であっても保存が必要に

　インボイス制度においては，消費税の計算上，インボイスの保存が仕入税額控除の適用を受けるための要件となります。現行制度においては，「3万円未満の課税仕入れ」やインターネットショッピングを利用した場合など「請求書等の交付を受けなかったことにつきやむを得ない理由があるとき」はその旨を帳簿に記載すればよく，このような取引の場合は必ずしも請求書等の保存は求められていません（旧消法30⑦，旧消令49）。

　しかし，インボイス制度においてはこれらの規定が廃止されます。後述する一部の特例を除いて，基本的にはすべての取引について，請求書や領収書等をインボイスとして保存する必要があるため注意が必要です。また，これによりインボイスとして保存すべき請求書や領収書等の枚数が増大する可能性が高く，電子帳簿保存法のスキャナ保存の活用などによりペーパーレス化も合わせて検討するのがよいでしょう。

⑥　インボイス制度における保存の特例

　インボイス制度においては，請求書や領収書等の交付を受けることが困難な場合については，インボイスの保存を省略し，一定の事項を記載した帳簿を保存することで仕入税額控除の適用が受けられる特例が設けられています（消法30⑦，消令49①，消規15の4）。

　請求書等の交付を受けることが困難な取引として，一定の事項が記載された帳簿の保存で仕入税額控除が受けられる取引は**図表2-20**のとおりです（消令49①，消規15の4）。

図表 2 -20　インボイスの保存の特例

①　インボイスの交付義務が免除される 3 万円未満の公共交通機関による旅客の運送
②　インボイスの記載事項が記載されている入場券等が使用の際に回収される取引
③　古物営業を営む者の適格請求書発行事業者でない者からの古物の購入（サラリーマンから下取る中古車など）
④　質屋を営む者の適格請求書発行事業者でない者からの質物の取得
⑤　宅地建物取引業を営む者の適格請求書発行事業者でない者からの建物の購入（サラリーマンから購入するマンションなど）
⑥　適格請求書発行事業者でない者からの再生資源及び再生部品の購入
⑦　インボイスの交付義務が免除される 3 万円未満の自動販売機及び自動サービス機からの商品の購入等
⑧　インボイスの交付義務が免除される郵便切手類のみを対価とする郵便・貨物サービス
⑨　従業員等に支給する通常必要と認められる出張旅費等（出張旅費，宿泊費，日当及び通勤手当）

※ 1　公共交通機関による旅客の運送

　　公共交通機関とは，鉄道，バス，船舶，モノレール等を指します。タクシーや航空機はこの特例の対象になりません（消令70の 9 ②一）。なお，金額の判定は， 1 回の取引の税込価額が 3 万円未満かどうかで判定します（インボイス通達 3 - 9 ）。

　　また，鉄道を利用する際の特急料金，急行料金及び寝台料金は，旅客の運送に直接的に附帯する対価として，公共交通機関特例の対象となる一方，入場料金や手回品料金は，旅客の運送に直接的に附帯する対価ではありませんので，公共交通機関特例の対象となりません（インボイス通達 3 - 10）。

※ 2　自動販売機及び自動サービス機からの商品の購入等

　　自動販売機特例の対象となる自動販売機や自動サービス機とは，代金の受領と商品の購入等が自動で行われる機械装置をいい，その機械装置のみで，代金の受領と資産の譲渡等が完結するものをいいます（インボイス通達 3 -11）。

　　したがって，例えば，自動販売機による飲食料品の販売のほか，コインロッカーやコインランドリー等によるサービス，金融機関の ATM による手数料を対価とする入出金サービスや振込サービスが該当します。

　　一方，コンビニ等に設置されたセルフレジを通じた販売のように機械装置により精算が行われているだけのもの，コインパーキングや自動券売機のように代金の受領と券類の発行はその機械装置で行われるものの商品の購入等は別途行われるようなもの，あるいは，ネットバンキングのように機械装置で資産の譲渡等が行われないものはこの特例の対象にはなりません（インボイス Q&A 問47）。

※ 3　出張旅費，宿泊費，日当等

　　社員に支給する出張旅費，宿泊費，日当等のうち，「その旅行に通常必要であると認められる部分」

については，所得税基本通達9-3に基づき判定しますので，所得税が非課税となる範囲内で，帳簿のみの保存で仕入税額控除が認められることになります（消法30⑦，消令49①一ニ，消規15の4ニ，インボイス通達4-9）。

参考：所得税基本通達9-3（非課税とされる旅費の範囲）

　法第9条第1項第4号の規定により非課税とされる金品は，同号に規定する旅行をした者に対して使用者等からその旅行に必要な運賃，宿泊料，移転料等の支出に充てるものとして支給される金品のうち，その旅行の目的，目的地，行路若しくは期間の長短，宿泊の要否，旅行者の職務内容及び地位等からみて，その旅行に通常必要とされる費用の支出に充てられると認められる範囲内の金品をいうのであるが，当該範囲内の金品に該当するかどうかの判定に当たっては，次に掲げる事項を勘案するものとする。
　(1)　その支給額が，その支給をする使用者等の役員及び使用人の全てを通じて適正なバランスが保たれている基準によって計算されたものであるかどうか。
　(2)　その支給額が，その支給をする使用者等と同業種，同規模の他の使用者等が一般的に支給している金額に照らして相当と認められるものであるかどうか。

※4　通勤手当

　帳簿のみの保存で仕入税額控除が認められる「通勤者につき通常必要と認められる部分」については，通勤に通常必要と認められるものであればよく，所得税法施行令20条の2において規定される非課税とされる通勤手当の金額を超えているかどうかは問われません。

図表2-21　帳簿の記載事項と記載例

① 課税仕入れの相手方の氏名又は名称
② 取引年月日
③ 取引内容（軽減税率対象の場合，その旨）
④ 対価の額
⑤ 課税仕入れの相手方の住所又は所在地
⑥ 特例の対象となる旨

例）総勘定元帳「旅費交通費」

年月日	相手科目	摘　要	税区分	金額
4.1	現金	JR　運賃 公共交通機関	10%	157円
4.2	現金	●●地下鉄　運賃 公共交通機関	10%	199円

※　公共交通機関特例の場合，住所又は所在地の記載は不要

⑦　中小企業者等の軽減措置

　これまで述べてきたとおり，インボイス制度においては，一部の特例を除き，仕入税額控除の適用を受けるためには，たとえ少額であったとしても基本的にすべての取引についてインボイスの保存が求められることになります。複数税率の導入に伴い，インボイスを用いて正しい適用税率や消費税額を事業者間で共有させたいという制度の趣旨は理解できるものの，事業者の事務負担の面か

ら，保存すべき証憑の増加や保存ルールの変更に対応することは容易ではありません。そのため，インボイス制度への円滑な移行のための負担軽減措置が令和5年度税制改正において講じられました。

　この負担軽減措置の内容は，基準期間（前々年・前々事業年度）における課税売上高が1億円以下である事業者を対象に，インボイス制度の施行から6年間，1万円未満の仕入については，インボイスの保存がなくとも帳簿の保存のみで仕入税額控除を可能とするものです。なお，基準期間における課税売上高が1億円超であったとしても，前年又は前事業年度開始の日以後6か月の期間の課税売上高が5,000万円以下である場合は，特例の対象となります（平成28年改正法附則53の2，改正令附則24の2①）。

　なお，この負担軽減措置はあくまで消費税の計算に限ったものです。法人税や所得税を計算する際の，費用や必要経費のエビデンスとして請求書や領収書，あるいはこれに準ずる書類の保存が必要となる点は変わりませんので，この負担軽減措置を適用する際には注意が必要です。

ポイント1

　インボイス制度の開始までに，何の証憑をインボイスとして保存すればよいか取引や証憑の取り扱い状況を確認しましょう。その際，請求書等が交付されない取引や従来は保存が不要だった3万円未満の取引についても検討漏れの無いように注意が必要です。

---

(2)　取引先に対する事前確認

①　事前確認の実施

　インボイス制度がはじまると，仕入税額控除の要件としてインボイスの保存が必要になることは繰り返し述べてきました。すべての取引先がインボイス制度の開始に備えて，インボイスを発行できるように準備を進めてくれていれば何ら問題はありませんが，経理担当者が日常業務や決算業務に追われ準備が後回しになっている企業もあれば，免税事業者であるため登録を悩んでいる個人事業主も取引先の中に含まれているのではないでしょうか。彼らがインボイス

を発行することができなければ，仕入税額控除の適用が受けられず，消費税の納付税額が増加するという実質的な損失を被るのは買手側となります。インボイス制度がはじまってから，インボイスを発行してもらえないことが明らかになったとしても後の祭りです。そのため，インボイス制度の開始までに，取引先に対してインボイス制度に関してどの程度準備が進んでいるのか事前確認を実施する必要があります。

② 確認事項と実施方法

インボイス制度の導入までに取引先に対して事前に確認しておきたい事項としては，(i)適格請求書発行事業者の登録番号，(ii)インボイスとして使用する予定の請求書や領収書等の証憑の2つが挙げられます。事前確認の実施方法としては，取引先に対して，上記確認事項を記載した書面やメールを送ることが実務的によく行われています。

まずは，(i)適格請求書発行事業者の登録番号を確認することが最優先事項となります。しかし，まだ登録が完了していない取引先がいることも想定し，適格請求書発行事業者の登録申請の状況や方針をヒアリングできればなおよいでしょう。

なお，登録番号の確認方法として，国税庁の適格請求書発行事業者公表サイトで検索する方法も考えられますが，事業者によっては取引先が数百，数千に上ることも少なくありませんので，まずは取引先に対して広く事前確認を実施し，その後それを補う形で公表サイトでの検索を実施するのが望ましいと思われます。

次に，(ii)インボイスとして使用する予定の請求書や領収書等の証憑については，インボイスはその記載事項に定めがあり，また，端数処理のルールにも変更がありました。取引先が発行する請求書等がこれらのルール変更に対応できていることを，インボイス制度がはじまってから請求書等を受け取る都度確認することは経理業務への負担が大きすぎることから現実的ではありません。また，インボイスの記載事項は複数の書類や電子データと組み合わせて記載する

図表2-22　確認書のサンプル

2023年＊＊月＊＊日

＊＊＊＊御中

<社名>

適格請求書発行事業者登録番号のご通知とご依頼について

拝啓　貴社ますますご清栄のこととお慶び申し上げます。平素より格別のご高配を賜り、厚く御礼申し上げます。

さて、2023年10月1日から、複数税率に対応した消費税の仕入税額控除の方法として、適格請求書等保存方式（いわゆるインボイス制度）の導入が予定され、税務署長に申請して登録を受けた課税事業者である「適格請求書発行事業者」が交付する「適格請求書（インボイス）」等の保存が仕入税額控除の要件となります。

そこで、弊社の適格請求書発行事業者登録番号をご通知するとともに、貴社の登録番号等について、弊社までご連絡をお願い申し上げます。

何卒ご主旨をご理解賜り、宜しくお願い申し上げます。

記

1. 弊社登録番号

　T ＊＊＊＊＊＊＊＊＊＊＊＊

2. 課税事業者のご確認及び登録番号に関するご依頼
　回答をご記入いただき、同封の返信用封筒にてご投函いただきますようお願い致します。

　(1) 貴社の適格請求書発行事業者登録番号の申請手続き状況についてご回答をお願い致します。

　（　　申請済み　・　未申請　・　申請予定なし　　）

　(2) (1)で「申請済み」とご回答された方のみ
適格請求書発行事業者登録番号のご記入をお願い致します。

T													

　(3) (1)で「未申請」とご回答された方のみ
適格請求書発行事業者登録番号の取得が未だの場合は、番号を取得されましたら弊社までご連絡をお願い申し上げます。

部署 氏名	＊＊＊＊＊
住所	＊＊＊＊＊
電話番号	＊＊＊＊＊

以上

個人情報の取り扱いについて

・ご記入いただいた個人情報は弊社からのインボイス制度の導入に伴うご連絡、ご確認に使用し、それ以外の目的では使用いたしません。
・個人情報を慎重に取り扱い、保護するために個人情報へのアクセス制限、個人情報の管理・廃棄などに対し必要な措置を講じ、安全確保に努めます。
・個人情報は、個人情報保護法及び関連法案に基づき適正に管理・保護し、目的以外の利用や第三者への情報提供は行いません。

ことも認められていました。事前にインボイスとして使用する予定の請求書や領収書等の証憑を確認することができれば，インボイス制度開始後の経理業務の負担を大きく軽減させることが期待できます。

③ 事前確認を優先すべき取引先

　適格請求書発行事業者の登録番号やインボイスとして使用予定の請求書等の事前確認については，基本的にはすべての取引先に実施することが望ましいと考えられますが，特に，定期的に反復して取引を行う取引先への確認を重点的に行うべきです。なぜなら，定期的に反復して取引を行う取引先については，当然のことながら，取引量，取引金額ともに多く，インボイスを受領できなかった場合の影響も大きくなってしまうためです。

　これらの取引先のうち，上場企業や一定規模以上の企業であれば，インボイス制度への対応が相当程度進んでいることが予想されるため，スムーズに事前確認が行えると思われます。一方，事業規模が不明な企業や個人事業主に対する事前確認は困難が予想されます。これらの事業者のうちには，免税事業者も含まれると考えられますので，まだインボイス制度に対応するか悩んでいたり，場合によっては，インボイス制度自体への理解が進んでいない可能性も考えられます。このような事業者に対して，インボイス制度への対応を促すのか，それとも，インボイスを受け取れなかったとしてもその影響が限定的であるため，買手側で負担することにするのかといった，買手側の対応方針をあらかじめ決めておく必要があります。買手側の対応方針の検討にあたっては，取引先がインボイス制度に対応してくれた場合の影響，すなわち，消費税の納付税額の増加をどの程度抑えられるのかという点と，取引先に対応を促すために買手側の経理担当者や営業担当者が取引先に対して交渉に出向いたり，制度の説明をしたりするためのコストがかかるという点を考慮に入れる必要があります。

　なお，定期的に反復して取引を行わない取引先については，事前確認の実施は限定的にならざるを得ません。場合によっては，インボイス制度がはじまってから実際に取引が行われた際にしか確認ができないような取引先も一定程度

存在しようかと思います。このような場合に備えて，取引先を選定する際の社内ルールの整備，購買担当者や営業担当者等への社内教育も必要と考えられます。

④　免税事業者への対応

　取引先が免税事業者の場合，買手側でインボイスの交付を受けることができません。そのため，買手側の消費税の計算上，仕入税額控除の適用が受けられず，消費税の納税額が増加してしまいます。もっとも，免税事業者からの仕入れであっても，インボイス制度開始後3年間は仕入税額の80%相当を控除することができ，また，さらにその後3年間についても仕入税額の50%相当を控除することができますが，買手としては，免税事業者に対してインボイス制度への対応を求めるのが当然の姿勢といえます。

　一方で，免税事業者がインボイス制度に対応するか否かは事業者の任意となります。免税事業者がインボイスを発行するためには課税事業者を選択しなければならないこともあり，インボイス制度の開始後も免税事業者のままでいる可能性は大いにあります。この場合，買手側においては，例えば取引価格の引下げを要請したり，場合によっては，取引先の変更を検討する必要が生じます。

　免税事業者に対してインボイス制度への対応を求めたり，取引価格の引下げを要請する場合には，「下請金額の減額」やいわゆる「買いたたき」に該当しないよう，当該事業者と十分なコミュニケーションを取りつつ，対応を求めていく必要があります。

図表2-23　免税事業者との取引に係る下請法等の留意事項

【事例1】
○「報酬総額11万円」で契約を行った。
○取引完了後，適格請求書発行事業者でなかったことが，請求段階で判明したため，下請事業者が提出してきた請求書に記載された金額にかかわらず，消費税相当額の1万円の一部又は全部を支払わないことにした。

下請法違反

発注者（買手）が下請事業者に対して，免税事業者であることを理由にして，消費税相当額の一部又は全部を支払わない行為は，下請法第4条第1項第3号で禁止されている「下請代金の減額」として問題になります。

【事例2】

○継続的に取引関係のある下請事業者と，免税事業者であることを前提に「単価10万円」で発注を行った。

○その後，今後の取引があることを踏まえ，下請事業者に課税転換を求めた。結果，下請事業者が課税事業者となったにもかかわらず，その後の価格交渉に応じず，一方的に単価を据え置くこととした。

下請法違反の可能性あり

下請事業者が課税事業者になったにもかかわらず，免税事業者であることを前提に行われた単価からの交渉に応じず，一方的に従来どおりに単価を据え置いて発注する行為は，下請法第4条第1項第5号で禁止されている「買いたたき」として問題になるおそれがあります。

【事例3】

○課税事業者が，取引先である免税事業者に対して，課税転換を求めた。

○その際，「インボイス事業者にならなければ，消費税分はお支払いできません。承諾いただけなければ今後のお取引は考えさせていただきます。」という文言を用いて要請を行った。また，要請に当たっての価格交渉にも応じなかった。

独占禁止法上問題になる可能性

課税事業者になるよう要請すること自体は独占禁止法上問題になりませんが，それにとどまらず，課税事業者にならなければ取引価格を引き下げる，それにも応じなければ取引を打ち切るなどと一方的に通告することは，独占禁止法上問題となるおそれがあります。また，課税事業者となるに際し，価格交渉の場において明示的な協議なしに価格を据え置く場合も同様です。

（出典）　中小企業庁「インボイス制度後の免税事業者との取引に係る下請法等の考え方」を一部加工して作成

⑤　免税事業者との交渉の心構え

インボイス制度の開始に伴って，免税事業者にインボイスの発行を求めたり，

取引価格の引下げを要請する際に，一方的に取引を中止したり，消費税相当額を全く支払わないといった強硬な姿勢で臨むことは，法令上，問題となる可能性があることは前項で取り上げたとおりです。しかし，買手側において，これまで通り10％の消費税を支払わなければならないとすると，これが消費税の計算上，仕入税額控除の対象とならないため，仕入価格が10％上昇したことと同じになります。買手にとって仕入価格が10％上昇することは尋常なことではありません。もっともこの影響を小さくするために仕入税額控除の経過措置が設けられているわけですが，それでも買手側の事業に及ぼす影響は決して小さくありません。

　一方，免税事業者である売手側の立場からすると，インボイスを発行できるようにすることで，消費税の納税義務が新たに生じます。仕入や経費などのコストが変わらないと仮定すると，2割特例を適用した場合でも，利益が2％減少することになります。2割特例は3年間の期限付きですから，適用期間が経過した後はさらにその影響が大きくなります。免税事業者が現状維持を訴えるのも当然といえます。

　したがって，インボイス制度の導入にあたっては，買手・売手双方が歩み寄る必要があると思われます。例えば，売手側がインボイスを発行するために課税事業者を選択した場合，2割特例を適用したとすると，売上金額の2％が実質的なロスとなります。このうち1％相当を買手側が負担するという選択もよいでしょう。なお，後述するように買手側においては，インボイス制度が始まると，受領した請求書等がインボイスか否かを判断することに多大な工数がかかることが予想されます。多少のコスト増には目をつむってでも，なるべく多くの免税事業者に課税事業者を選択してもらえるよう柔軟な対応が必要となります。

　このような交渉は，インボイス制度がはじまってから行うのでは遅すぎます。まずは，取引先が適格請求書発行事業者なのかどうか，その登録状況を事前に確認し，そのうえで，取引先に免税事業者が存在するのであれば，買手側から積極的に動いていく必要があります。

> ┌─────────┐
> │ ポイント2 │
> └─────────┘
> インボイスを受領できるかは取引先次第です。インボイスを受領できる環境を整える
> ために，取引先への事前確認を実施しましょう。

(3) 受領者における業務フローの見直し

① 受領したインボイスの確認作業

　インボイス制度がはじまると，仕入税額控除の要件としてインボイスの保存が求められます。しかし，売手の中には免税事業者などの適格請求書発行事業者以外の事業者も含まれるため，受け取った請求書等が必ずしもインボイスとは限りません。また，インボイス制度の導入に伴い，記載事項の追加や端数処理のルール変更がありました。これらへの対応は売手自身の責任において行うべきですが，要件を満たさない請求書等を受領した場合，仕入税額控除の適用が受けられず，消費税の納付税額が増加するという実質的な損失を被るのは買手側になります。したがって，買手においては，請求書や領収書等を受け取った際，要件を満たした「インボイス」なのか否かを確認するという作業が発生します。

　買手が請求書や領収書等を受領した際に確認すべき事項は，(i)発行者である売手が適格請求書発行事業者であるか，(ii)記載事項や端数処理がインボイス制度で求められたルールに基づいているかの2点です。

　このうち，(i)については，受領した請求書や領収書等に適格請求書発行事業者の登録番号の記載の有無によって確認することができます。可能性は決して高いとはいえませんが，登録番号に誤りがあったり，適格請求書発行事業者の登録は取り消しが可能である等，登録番号の有無のみで判断できないケースもあり得ます。このような場合に備えて，国税庁の適格請求書発行事業者公表サイトで定期的に確認するなどの対応が必要になります。

　また，(ii)については，記載事項に漏れが無いか，端数処理が適切に行われているかを丁寧に確認することになります。

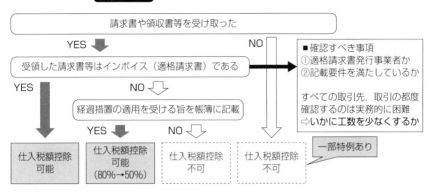

図表 2 -24　インボイス制度後の会計処理の流れ

このように，インボイスの確認作業には多くの工数を要することが懸念されます。P.51で取り上げた取引先への事前確認を実施することでかなりの工数削減が期待できますので，ぜひ取り組んでいただければと思います。また，これらの確認作業をサポートする機能を有したシステムも提供されています。この点については P.62で取り上げます。

②　インボイスの確認作業の方針

受領した請求書等の確認作業については，もちろん全件チェックができれば間違いありませんが，経理業務の負担増は計り知れません。とはいえ，無作為に抽出して確認作業を行うことも効率的とは思えません。

この確認作業をなるべく省力化するために，一定の基準で取引先を仕分けし，それに応じて確認作業の頻度や強弱をつけて確認作業を実施するのがよいでしょう。その基準としては，(ⅰ)定期的に反復して取引を行うか否か，そして(ⅱ)事業者の規模，すなわち，免税事業者の可能性があるか否かの 2 つが考えられます（**図表 2 -25**）。

まず，右上の取引先については，定期的に反復して取引を行っており，かつ，一定以上の規模で免税事業者の可能性が極めて低い取引先です。これらの取引先から交付された請求書等については，取引の都度確認作業を実施する必要は

ないでしょう。

　次に，右下の取引先については，定期的に反復して取引を行うことはないが，規模が大きく，免税事業者の可能性が極めて低い取引先です。これらの取引先から交付された請求書等についても，取引の都度確認作業を実施する必要性は低いと思われますが，事前確認の実施が困難な場合は，インボイス制度開始後，最初の取引のタイミングでは確認作業を実施することが望ましいといえます。

　また，左上の取引先については，定期的に反復して取引を行っており，かつ，個人事業主などで免税事業者の可能性が高い取引先です。これらの取引先については，確認作業の優先度が最も高い取引先になります。前述の事前確認を実施し，登録番号等を確認できていたとしても，インボイス制度開始後に登録の取り消し等を行う可能性も否定できません。そのため，これらの取引先から交付された請求書等については，例えば四半期に一度などのように頻度を高めて確認作業を実施することが望ましいといえます。

　さらに，左下の取引先については，定期的に反復して取引を行うことはなく，かつ，免税事業者の可能性が高い取引先です。例えば，交際費接待で利用した飲食店や個人タクシーなどがこれにあたると考えられます。これらの取引先については，事前確認の実施は実質的には不可能であることが想定されますので，取引の都度，確認作業を実施するほかないと思われます。ところで，経費の立替を行った担当者がインボイス制度に関する知識が不足しており，免税事業者から仕入を行うことの不利益，すなわち，消費税の納付税額が増加することに無関心である場合，このような担当者が多いと事業者にとって大きな痛手となります。次項で詳しく触れますが，インボイス制度は必ずしも経理担当者だけが知っていればよい制度ではなく，ビジネスに関わるすべての方が知っておいていただきたい制度なのです。

　このように，受領した請求書等の確認作業に余計な手間をかけず，効率的に行えるようインボイス制度がはじまる前に，取引先を取引状況や規模ごとに仕分け，その区分ごとに対応方針を明確にしておく必要があります。その際には，取引先への事前確認で得られた情報の役割も重要となります。インボイス制度

図表 2 -25　確認作業の方針検討

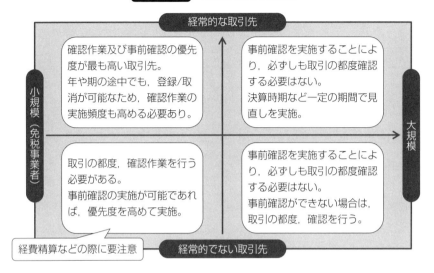

経常的な取引先

小規模（免税事業者）

確認作業及び事前確認の優先度が最も高い取引先。
年や期の途中でも，登録/取消が可能なため，確認作業の実施頻度も高める必要あり。

事前確認を実施することにより，必ずしも取引の都度確認する必要はない。
決算時期など一定の期間で見直しを実施。

取引の都度，確認作業を行う必要がある。
事前確認の実施が可能であれば，優先度を高めて実施。

事前確認を実施することにより，必ずしも取引の都度確認する必要はない。
事前確認ができない場合は，取引の都度，確認を行う。

大規模

経費精算などの際に要注意

経常的でない取引先

がはじまってから経理業務が滞らぬよう，制度開始までにしっかり準備を進めましょう。

③　インボイス制度に関する社内教育の実施

前項でも触れたように，インボイス制度は経理担当者だけが理解していれば済むものではなく，営業周りの担当者など経理担当者以外の方も，インボイス制度に関する基本的な知識は身に着けておくべきでしょう。

特に理解しておくべき内容としては，免税事業者との取引が納税する消費税額を増加させるというインボイス制度導入による影響についてです。例えば，交際接待で利用した飲食店や移動の際のタクシー，事務用消耗品を購入する際の文房具店などが免税事業者の場合，仕入税額控除の適用を受けることができず，消費税の納付税額が増加します。

これ以外にも，これまでは保存が必要なかった 3 万円未満の仕入れやクレジットカードを利用した場合など請求書等が発行されなかった取引も含め，基本的にはすべての取引についてインボイスの保存が求められることになります。

なお，3万円未満の交通費など一定のものについては，インボイスの保存を省略することができる特例（P.49を参照）もありますが，多くの企業では金額の多寡にかかわらず，経費精算時のエビデンスとして請求書や領収書等の提出を求めるケースもあり，特例を説明することでかえって混乱を生じさせるかもしれませんので注意が必要です。また，売手として請求書や領収書等のインボイスを発行する場合もあるでしょうから，記載事項や端数処理などの発行時の注意事項を理解しておいてもらうことも必要になります。

　また，営業担当者は，取引先と相対する窓口でもあります。インボイス制度がはじまるまでに，取引先に対して，登録番号やインボイスとして使用する予定の証憑を事前に確認すべきであることはこれまでに述べてきたとおりです。この際，営業担当者に質問が来たり，取引先が免税事業者である場合にはインボイス制度への対応について相談があるかもしれません。営業担当者がインボイス制度への理解が不十分であると，当方にとって不利な取扱いのまま進んでしまったり，有利ではあるものの下請法等に抵触するような対応をとってしまわないとも限りません。

　インボイス制度の開始に備えて，インボイス制度の基本的な知識に加えて，経費精算のルールや免税事業者と交渉する際の注意点などを周知するための社内向けのレクチャーの場を設けるなどする必要があるでしょう。

④　受領者サイドもシステム利用が効果的

　インボイス制度がはじまると，仕入税額控除の適用のためインボイスの保存が必要となるため，発行者が適格請求書発行事業者であるか，あるいは，受領した請求書や領収書等がインボイスの要件を満たしているかといった事項を確認する必要があります。また，インボイスの保存は経理担当者だけで対応できるわけではなく，営業担当者といった社内の多くの方に関係するため，インボイス制度の開始に備えて，基本的な知識のレクチャーや経費精算に関する社内ルールの周知などが必要となります。

　ところで，これらのインボイス制度の導入に伴って新たに加わる業務や注意

事項については，ある程度システムで制御したり，サポートしたりすることが可能となっています。

　例えば，発行者が適格請求書発行事業者であるか，あるいは，受領した請求書や領収書等がインボイスの要件を満たしているかといった記載事項の確認については，請求書受領に関するシステムを導入することでかなり省力化することが可能です。具体的には，インボイスに記載されている登録番号を AI-OCR で読み取り，それを国税庁の適格請求書発行事業者公表サイトに照会をかけてくれる機能があります。これにより，取引の都度，最新の登録番号を確認することができるため，当該確認作業に要する工数を大幅に削減することができます。さらに，同様に，受領した請求書や領収書等に記載されている事項を AI-OCR で読み取り，必要な記載事項が漏れなく記載されているかを確認してくれる機能を備えたシステムも提供されはじめています。システムによっては，端数処理の検算機能を備えているものもあり，記載項目の漏れや不備の発見に貢献することが期待されます。

　また，経費精算システムにもこれらの機能を備えているものが多く提供されています。例えば，各担当者が経費精算を行う際に，請求書や領収書等のインボイスをスマートフォンや複合機でスキャンすることによって，請求書受領システムと同様に AI-OCR で登録番号やその他の記載事項を読み取り，インボイスか否かを検証してくれるというものです。

　言うまでもなく，請求書受領システム及び経費精算システムはともに，当該業務に関する業務効率化に資するシステムです。いずれのシステムも，読み取りを行う際に電子データの形式で保存ができるよう，電子帳簿保存法のスキャナ保存や電子取引の保存要件を満たした形で読み取ることができます。また，読み取ったデータは会計システムなどと連携させることができるため経理業務全体の効率化を図ることができます。これにより，二重入力や転記ミスなどを防ぐことにもつながると考えられます。

　しかし，システムの導入には相応のコストもかかります。システムの導入にあたっては，システム導入によって得られるベネフィット，すなわちインボイ

ス制度の開始に伴って増加する業務をいかに抑制し，さらには経理業務の効率化がどの程度図れるのかとシステム導入に伴って生ずるコストを天秤にかけて検討を進めるようにしましょう。

図表2-26　**インボイス受領システムの活用イメージ**

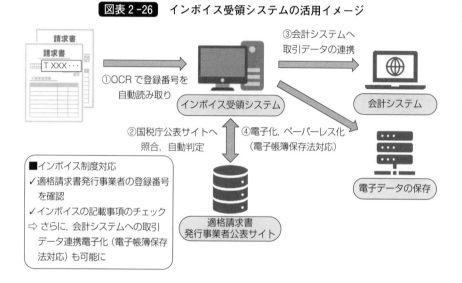

ポイント3

　受領した請求書等がインボイスの要件を満たしているかを確認する作業には多くの工数がかかることが想定されています。当該業務のシステム化も含めて，業務フローを見直しましょう。

Column	インボイス制度後の経理業務の救世主!?　デジタルインボイスとは

　デジタルインボイスとは，「標準化され構造化された電子インボイス」と定義されています（デジタルインボイス推進協議会（以下「EIPA」といいます））。このデジタルインボイスの利用によって，売手側のシステム（例えば，販売管理システムや請求管理システムなど）で生成された請求データが，人を介することなく，買手側のシステム（例えば，購買管理システムや仕入管理システムなど）に連携され，当該データの入金処理などが自動で行われることになります。この点，「紙」を「電子化」した電子インボイスとは，一線を画すものといえます。

　このデジタルインボイスの普及と定着への取り組みは，デジタル庁が，民間の会計・業務システムベンダーの団体であるEIPAと連携して進めています。これまで見てきたとおり，インボイス制度がはじまると経理業務の負担が増大することが想定されています。デジタルインボイスの活用によって経理業務の効率化を図ることができ，かつ，インボイス制度導入による経理業務の負担増の抑制にも寄与することが期待されています。

　EIPAの取り組みとデジタルインボイスの普及にもぜひご注目ください。

第3章

インボイス導入で変わる経理実務

👉 **Point**

- インボイス制度の施行日前後の論点を整理し，インボイス制度の開始に備えましょう。
- インボイス制度は経理担当者だけでなく，営業担当者なども理解しておく必要があります。経理担当者以外の方も知っておくべき内容を確認します。
- 売上税額及び仕入税額について，その計算方法（割戻し計算，積上げ計算）を検討しましょう。

1 施行日前後の留意事項

(1) インボイス制度の施行日をまたぐ取引における取扱い

　インボイス制度は，2023年10月1日から開始となります。その際に問題となるのが，インボイス制度の施行日をまたいでインボイスを交付する場合の売手側の取扱いです。例えば，15日締めで請求書を交付しているようなケースがこれにあたります。この取り扱いについては，①2023年10月1日時点で登録を受けている場合と，②2023年10月2日以後に登録を受ける場合によって取り扱いが異なります。15日締めの請求書を例にした場合の取り扱いについては，以下のとおりです（インボイスQ&A 問75）。

　まず，①2023年10月1日時点で登録を受けている場合については，登録日以後の取引についてインボイスを交付することとなるため，原則としては，当該取引の内容を登録日前（2023年9月16日から9月30日まで）と登録日以後（2023年10月1日から10月15日まで）に区分して対価の額や消費税額等を記載する必要があります。

　ただし，登録日が10月1日（インボイス制度施行日）である場合は，買手において登録日前後の課税仕入れがいずれも仕入税額控除の対象となることから，登録日前と登録日以後の取引を区分せずまとめて記載することができます。

　一方，②2023年10月2日以後に登録を受ける場合については，複雑な取扱いが求められます。登録日が2023年10月2日以降となる場合，2023年10月1日から登録日前までは適格請求書を交付することができません。例えば，登録日が2023年10月10日である場合は，対象期間の取引を，ア．インボイス制度開始日前（2023年9月16日から9月30日まで），イ．インボイス制度開始以後登録日前まで（2023年10月1日から10月9日まで），ウ．登録日以後（2023年10月10

図表 3 - 1　インボイス施行日をまたぐ請求書

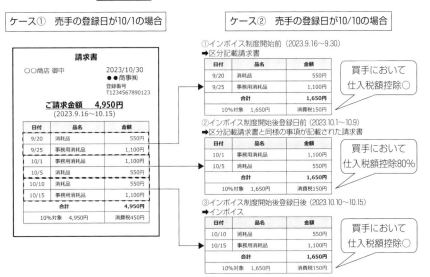

日から10月15日まで）の期間に区分し，請求書等を分けて交付するなどの対応が必要になります。これは，期間を明確に区分しなければ，買手において適切な消費税の税額計算が行えないためです。

　適格請求書発行事業者の登録が遅れると，売手自身もさることながら，買手に対してもこのような複雑な取扱いを強いることになります。売手においては，インボイス制度開始までに適格請求書発行事業者の登録を完了させることが望まれます。

⑵　施行日前に支払が完了している取引

　事務所や駐車場の家賃，保守サービス料，あるいはサブスクリプション型のシステム利用料など継続して役務の提供を受ける取引については，インボイス制度の開始前から役務の提供を受けているケースが考えられます。この場合，2023年9月30日までの期間については区分記載請求書等保存方式が，2023年10月1日以後の期間についてはインボイス制度がそれぞれ適用されることになります。原則的には，対象となる期間に応じた制度が適用されるというわけです。

　ところで，このような継続して役務の提供を受ける取引については，1年間の料金を前もって支払い，支出した事業年度の費用としているケースも多いと思われます（いわゆる短期前払費用）。この場合，インボイス制度がはじまる

図表3-2　**短期前払費用として処理する場合**

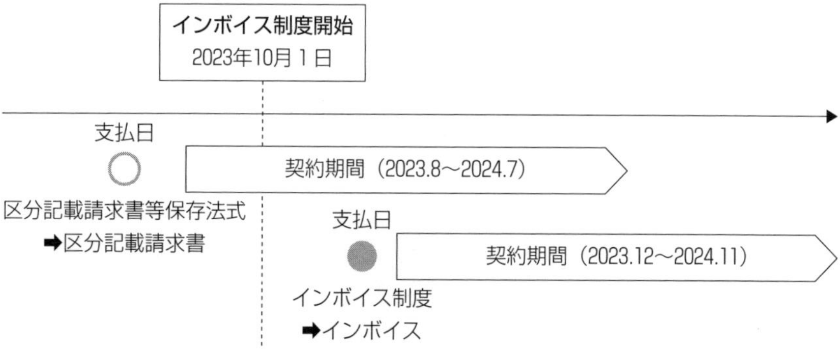

2023年9月30日までに短期前払費用として処理している場合には，全期間に区分記載請求書等保存方式が適用されることから，全期間分に係る「区分記載請求書」の受領のみで，消費税の計算上においても支出した課税期間で仕入税額控除の適用を受けることができます（インボイスQ&A問96）。

なお，短期前払費用として処理しない場合は，前述のとおり，2023年9月30日までの期間については区分記載請求書等保存方式が，2023年10月1日以後の期間についてはインボイス制度がそれぞれ適用されることになります。ただし，売手である役務提供者が2023年10月1日に登録を受けた適格請求書発行事業者であれば，同日をまたぐ年間の利用料や保守サービス料でも，全期間分が仕入税額控除の対象となることから，適用される制度で分割して複数枚の請求書等ではなく，全期間分がまとめて記載された「インボイス」の受領のみで仕入税額控除の適用を受けられるとされています（インボイスQ&A問96）。

例えば，2023年9月から2024年8月までのシステム利用料を，毎月按分して費用計上している場合，「2023年9月～2024年8月分」としてまとめて記載された1枚のインボイスの受領でよいこととされます。なお，消費税の計算上は，2023年9月30日以前の期間に対応する部分ついては区分記載請求書として，2023年10月1日以後の期間に対応する部分についてはインボイスとして取り扱われることになります。

⑶　インボイスの記載事項に誤りがあった場合（修正インボイス）

適格請求書発行事業者は，交付したインボイスの記載事項に誤りがあったときは，買手である事業者に対して，修正したインボイス（以下「修正インボイス」といいます）を交付する義務があります（消法57の4④⑤）。一方，買手である事業者は，交付を受けたインボイスの記載事項に誤りがあった場合には，自ら追記や修正を行うことは認められておらず，売手である適格請求書発行事業者に対して修正インボイスの交付を求め，この修正インボイスを保存する必要がありますので注意が必要です。特に，インボイス制度がはじまった直後は，記載誤りなどが起こりやすいと考えられますので，十分に注意しましょう。

　なお，修正インボイスの交付方法として以下の方法が認められています（インボイス Q&A 問34）。

① 誤りがあった事項を修正し，改めて記載事項のすべてを記載したインボイスを交付する方法

② 当初に交付したインボイスとの関連性を明らかにし，修正した事項を明示した書面を交付する方法

　なお，返還インボイス，簡易インボイスについて，記載事項に誤りがあった場合についてもインボイスと同様の取扱いが必要となります（消法57条の4④⑤）。

　また，万が一，修正インボイスの交付を受けられなかった場合には，仕入税

図表3−3　修正インボイスの交付方法

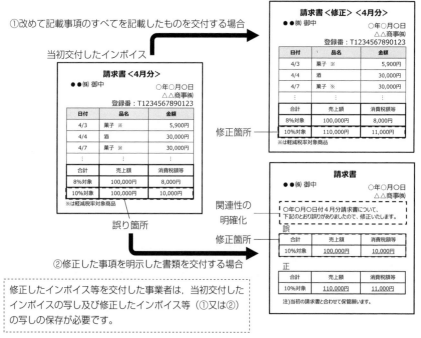

（出典）インボイス Q&A 問34

額控除の経過措置の適用が受けられる可能性があります。この場合においても，仕入税額控除の経過措置の適用を受けるために，区分記載請求書等の記載事項を満たした請求書等の保存に加え，帳簿への経過措置の適用を受ける課税仕入れである旨の記載が必要になることは変わりありません。経過措置の適用が受けられる場面としては，インボイス制度への対応が間に合わず，従前の区分記載請求書等を交付せざるを得ない事業者が，買手側の修正の要請に応じない場合に限られると思われますが，買手側の経理担当者の方は記憶にとどめておいていただいて損はないでしょう。

　なお，仕入税額控除の経過措置については，P.17を参照してください。

⑷　新しい取引先と契約を結ぶ際の注意事項

　新しい取引先と契約を結ぶ際には，これまでも様々なプロセスを経て契約締結に至っていると思われますが，インボイス制度の開始に伴い，以下の点についても確認が必要となります。

- 適格請求書発行事業者か否か
- インボイスとして用いる証憑は何か
- 紙なのか電子データなのか

　また，新しい取引先が免税事業者である場合の対応方法についてもあらかじめ検討しておく必要があるでしょう。例えば，そもそも免税事業者との取引は控えるのか，それとも，将来的に課税事業者になってもらうことや価格調整に応じてもらうことなどを条件に契約を進めるのか等が考えられます。

　なお，こういった新しい取引先に対する契約条件等の交渉の窓口は，営業担当者であることが想定されます。これまでも繰り返し述べてきたように，営業担当者がインボイス制度に関する理解が不十分であると当社にとって不利な条件で契約を進めてしまうおそれもあります。社内レクチャーなどを通して，営業担当者をはじめとする社内関係者のインボイス制度の理解度向上に努めましょう。

2　インボイス導入で変わる経理業務

(1)　事業者間の立替払い

　課税仕入れについて，事業者間で立替払いを行う場合には，通常，インボイスにはその立替払いを行った事業者の名称等が記載され，本来費用を負担すべき事業者の名称等は記載されません。そのため，本来費用を負担すべき事業者はインボイスを保存することができず，仕入税額控除の適用を受けることができません。

　このような事業間で立替払いを行う場合には，本来の費用の負担者である事業者は，その立替払いを行った事業者から，立替払いを行った事業者宛のインボイスと当該立替払いを行った事業者が作成する立替金精算書等の交付を受け，これらの書類を保存することによって，仕入税額控除の適用を受けることができます（インボイス通達4-2）。

　なお，この場合，立替払いを行った事業者は必ずしも適格請求書発行事業者である必要はありません。

　立替払いを行う際には，不動産管理会社のように，複数の事業者の経費を一括して立替払する場合も想定されます。このような場合には，原則として，立

図表3-4　立替金のイメージ

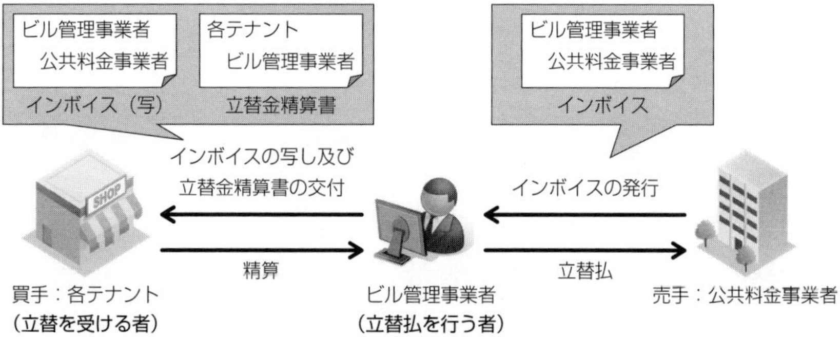

替払いを行う者はサービス提供を行う者から受領したインボイスの写しとともに，サービス提供を行う者から行った仕入れがそれぞれの事業者のものであることを明らかにするために，立替払いを行う者が作成した立替金精算書等を添付するなどして，本来費用を負担すべき事業者に交付する必要があります。

　しかし，本来費用を負担すべき事業者に対して交付するインボイスのコピーが大量となるなどの事情により，立替払いを行う者が当該コピーを交付することが困難なときは，立替払いを行う者が交付を受けたインボイスを保存し，本来費用を負担すべき事業者に対しては立替金精算書を交付することにより，本来費用を負担すべき事業者は，この立替金精算書の保存のみをもって，仕入税額控除を行うことが認められています。

　なお，立替払いを行う事業者の立場からすると，複数の事業者に対して交付する立替金精算書について，本来費用を負担すべき事業者が負担することになる金額に基づいて，インボイスに記載された対価の額や消費税額を割り振って記載することが考えられますが，必ずしもインボイスに記載された対価の額と消費税額を基礎として各事業者の負担金額に応じた対価の額や消費税額が均等に割り振れない場合が起こり得ます。この場合，立替金精算書等がインボイスを基礎として合理的な方法で算出した消費税額等を記載して作成されている限り，本来費用を負担すべき事業者においては仕入税額控除の適用が受けられるとされています（インボイス Q&A 問92）。

(2)　グループ間の取引

　近年の原材料費等の高騰により，調達コストを下げるために原材料等を親子間やグループ間で共同購入しているケースも増えていると思われます。この場合においても，インボイス制度がはじまると，各事業者において仕入税額控除の適用を受けるためにはインボイスの保存が必要となります。

　例えば，親会社が立替払いをして，その後に子会社が親会社に対して精算する場合，その実態は前項の立替金取引と同様であることから，子会社側で仕入税額控除の適用を受けるためには，原則，インボイスの写しと立替金精算書等

が必要になります（インボイス通達4‐2）。ただし，事務負担への影響として，各子会社に交付するインボイスの写しが大量となることや個社の内容を抽出することが困難である等の事情により，親会社がインボイスの写しを交付することが困難な場合については，これも前項の立替金取引と同様に，親会社は，仕入先が作成したインボイスの原本を保存し，各子会社の仕入税額控除に必要な事項を記載した立替金精算書等を交付することで，各子会社は親会社から交付された立替金精算書の保存をもって仕入税額控除を行うことができます（インボイスQ&A問92）。

このような親子間やグループ間などで共同購入している場合には，従来，請求書等は交付せず，簡易的なメールのやり取り等で取引を完了しているケースも多いと思われますので，注意が必要です。

また，共同購入のほか，親会社が賃借したスペースを子会社や他のグループ会社に転貸するケースも想定されます。親会社が代表して当該物件を賃借し，各子会社はそこに入居しているような形態の場合は，先の共同購入と同様に，子会社側で仕入税額控除の適用を受けるためには，原則，賃貸人が交付するインボイスの写しと親会社が交付する立替金精算書等が必要になります（インボイス通達4‐2）。

なお，各子会社が親会社に賃料を支払う転貸の場合には，親会社が交付する

図表3‐5 共同購入の場合の必要書類

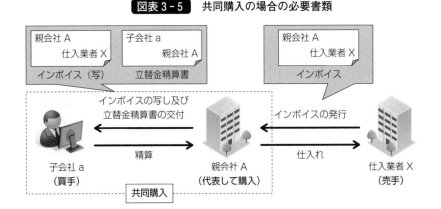

インボイスを保存するか，P.45で取り上げた請求書等の交付がない取引と同様，既存の契約書に加え，登録番号等を記載した通知書，そして取引事実を証する書類として通帳のコピーや振込明細書を保存することで，各子会社において仕入税額控除の適用を受けることができます（インボイスQ&A問93）。もっとも，グループ間で転貸している場合，契約書を作成していないケースも少なくないと思われます。そのような場合には，インボイス制度の導入を機に登録番号等を記載した契約書を作成することを検討するのがよいでしょう。

(3)　委託販売を行う場合

　委託販売の場合，買手に対して商品の販売等を行っているのは，委託者ですから，本来は委託者が買手に対してインボイスを交付しなければなりません。

　このような場合，受託者が委託者を代理して，委託者の氏名又は名称及び登録番号を記載した委託者のインボイスを，相手方に交付する「代理交付」が認められています（インボイスQ&A問48）。

　また，次の要件を満たすことにより，受託者が委託者の商品の販売等について，委託者に代わって受託者自身の氏名又は名称及び登録番号を記載したインボイスを，買手に交付することができます（以下「媒介者交付特例」といいます）（消令70の12①）。

- 委託者及び受託者が適格請求書発行事業者であること
- 委託者が受託者に，委託者自身が適格請求書発行事業者の登録を受けている旨を取引前までに通知していること（通知の方法としては，個々の取引の都度，事前に登録番号を書面等により通知する方法のほか，例えば，基本契約等により委託者の登録番号を記載する方法などがあります（インボイス通達3-7）。

　なお，この媒介者交付特例は，受託者が買手に商品を販売するような取引だけではなく，請求書の発行事務や集金事務といった商品の販売等に付随する業

図表 3 - 6 媒介者交付特例

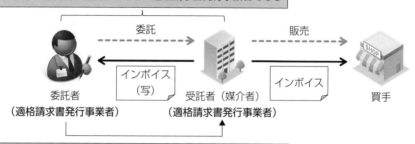

要件① 委託者・受託者がともに適格請求書発行事業者である

委託　　　　　　　　販売

インボイス（写）

委託者
（適格請求書発行事業者）

インボイス

受託者（媒介者）
（適格請求書発行事業者）

買手

要件② 委託者が自己が適格請求書発行事業者である旨を通知

務を委託しているような場合も対象となります（インボイスQ&A問48）。

(4)　販売奨励金の取扱い

　販売促進の目的で商品の販売数量や売上高等に応じて，買手に対していわゆるリベート等の販売奨励金を支払うことがあります。販売奨励金は，その性質によってインボイスの取扱いが異なりますので注意が必要です。

　例えば，商品の販売数量や売上高等に応じて，取引の対価の額から販売奨励金を差し引いて支払うようなケースについては，値引きや返品等と同じく「売上に係る対価の返還等」に該当します。したがって，売手側は商品の販売そのものに係るインボイスに加えて，その商品に係る販売奨励金の支払に関する「返還インボイス」の交付が必要となります（消法57の4③）。この場合，売手が交付する請求書に，インボイスと返還インボイスのそれぞれに必要な記載事項を記載して1枚の書類で交付することも可能です。具体的には，当月販売した商品について，インボイスとして必要な事項を記載するとともに，前月分の販売奨励金については，返還インボイスとして必要な事項を記載し，1枚の請求書を交付するといった対応が考えられます（インボイスQ&A問60）。なお，令和5年度税制改正により，販売奨励金の金額が1万円未満である場合は，返還インボイスの交付義務が免除されることになります（消法57の4③，消令70

の9③ニ）。

　また，買手側が売手側に返還インボイスの記載事項を満たす販売奨励金請求書を交付するケースについては，売手側に売上に係る対価の返還等の情報が記載された書類が共有されるため，売手側は改めて返還インボイスを交付する必要はありません（インボイスQ&A問61）。

　他方，販売奨励金は，販路拡大等の対価として，すなわち役務の提供として支払われることもあります。この場合，販売奨励金を受け取る買手側においては，売手側に対する「役務提供の対価」として，インボイスを交付する必要が

図表3-7　販売奨励金等の対応例

		販売奨励金等の支払者 （卸売業者等）	販売奨励金等の受領者 （小売業者）
対価の返還等	①	商品販売に係るインボイス ＋ 販売奨励金等に係る返還インボイス （1枚の書類でも可）	———
	②	商品販売に係るインボイス	販売奨励金等に係る仕入明細書等
	③	———	商品仕入れに係る仕入明細書等 ＋ 販売奨励金等に係る仕入明細書等 （1枚の書類でも可）
役務の提供	①	商品販売に係るインボイス	販売奨励金等に係るインボイス
	②	商品販売に係るインボイス ＋ 販売奨励金等に係る仕入明細書等 （1枚の書類でも可）	———
	③	———	商品の仕入れに係る仕入明細書等 ＋ 販売奨励金等に係るインボイス （1枚の書類でも可）

あります（消法57の4①）。このケースにおいても，売手側が交付する仕入明細書等による対応が可能と考えられます。

　このように，販売奨励金の性質によって，インボイスの対応関係が異なります。契約書等により販売奨励金の性質を整理し，取引先とも内容を確認しつつ対応を検討するのがよいでしょう。

⑸　ポイントカードや割引券等による一括値引き

　買手がポイントカードや割引券等を利用したことにより値引き販売を行った場合には，売手においてはその値引き後の金額に基づいて，消費税の課税対象となる売上高を計算します。一方，買手側においては，その値引き後の金額が課税仕入れの金額となります。

　この場合，レシートなどの簡易インボイスに記載する「税率ごとに区分して合計した税抜価額又は税込価額」については，値引き後の金額を記載する必要があります。また，同様に「消費税額」を記載する場合も値引き後の金額を記載する必要があります。

　なお，飲食料品などの軽減税率が適用される商品と標準税率が適用される商品をまとめて販売し，その合計額から一括して値引きを行う場合には，税率ごとに区分した値引き後の課税資産の譲渡等の対価の額に対してそれぞれ消費税が課されることとなります。この場合における簡易インボイスの記載方法としては，①「値引き後の税込価額を税率ごとに区分して合計した金額」を記載するパターンと，②「値引き前の税込価額を税率ごとに区分して合計した金額」及び「税率ごとの値引き額」を記載するパターンが考えられます。記載例については，**図表3-8**を参照してください（インボイスQ&A 問67）。

　また，この場合の値引き額の按分方法については，それぞれの価額の比率に応じて按分する他，いずれかの税率の対象商品の価額のみから控除することも認められています（インボイスQ&A 問68）。

図表 3 - 8　一括値引きの場合の記載例

■ 値引き後の「税込価額を税率ごとに区分して合計した金額」を記載する場合

①値引き後の税込価額を税率ごとに区分して
　合計した金額

注）値引額は以下の通り，対価の額の比率
　　で按分し，税率ごとに区分しています。

10%対象：1,000×3,300/5,460≒604
8 %対象：1,000×2,160/5,460≒396

また，値引き後の税込価額は以下の通り
計算しています。

10%対象：3,300－604＝2,696
8 %対象：2,160－396＝1,764

「消費税額等」は値引き後の税込価額から計算

■ 値引き後の「税込価額を税率ごとに区分して合計した金額」を記載する場合

①値引き前の税込価額を税率ごとに区分して
　合計した金額

②税率ごとの値引き額

注）値引額は以下の通り，対価の額の比率
　　で按分し，税率ごとに区分しています。

10%対象：1,000×3,300/5,460≒604
8 %対象：1,000×2,160/5,460≒396

また，①及び②の記載がそれぞれある場合，
値引き後の「税込価額を税率ごとに区分して合
計した金額」の記載があるものとして取り扱わ
れます。

10%対象：3,300－604＝2,696
8 %対象：2,160－396＝1,764

「消費税額等」は値引き後の税込価額から計算

（出典）　インボイス Q&A 問67より作成

⑹　適格請求書発行事業者とそれ以外の者の共有資産の譲渡

　適格請求書発行事業者が適格請求書発行事業者以外の者と資産を共有してい
る場合，その資産の譲渡や貸付けについてインボイスを発行する場合には，適
格請求書発行事業者の所有割合を合理的に区分し，その割合に応じた部分につ

いて，インボイスを交付する必要があります（インボイス通達3-5）。

　例えば，適格請求書発行事業者が，適格請求書発行事業者以外の者と共有している建物を売却する場合には，建物の売却代金のうち，適格請求書発行事業者が所有する建物の割合（例えば持分など）に対応する部分を基礎として，インボイスを交付することとなります。

(7)　資産の譲渡等の時期の特例とインボイス

　工事の請負に係る資産の譲渡等の時期の特例（工事進行基準）（消法17）など，資産の譲渡等の時期の特例により，資産の譲渡等を行ったものとみなされる部分については，インボイスの交付を要しないこととされています（消法57の4①，消令70の9①）。

　なお，当該特例により，原則的な資産の譲渡等の時期（工事の完成（引渡し）時）よりも前に課税売上げが計上されるため，当該特例により資産の譲渡等を行ったものとみなされる部分について，インボイスの交付を要しないこととされているにすぎず，あくまでも原則的な資産の譲渡等の時期においては，当該資産の譲渡等に係るインボイスの交付が必要となります。

　また，リース譲渡については，リース譲渡に係る資産の譲渡等の時期の特例

図表3-9　　資産の譲渡等の時期の特例とインボイスの交付義務の関係

資産の譲渡等の時期の特例	資産の譲渡等の時期		インボイスの交付
	原則	特例	
リース譲渡（消法16）	リース譲渡時	延払基準	リース譲渡時
工事の請負（長期大規模工事等）（消法17）	工事完成（引渡）時	工事進行基準	工事完成（引渡）時
現金主義（消法18）	役務提供完了時等	現金の収受時	役務提供完了時等
国等の特例（消法60②，消令74②）	役務提供完了時等	収納すべき会計年度の末日	役務提供完了時等

（出典）インボイスQ&A　問40

　（延払基準）により，リース資産の譲渡（引渡し）時ではなく，支払期日ごとに当該支払期日に係るリース料部分について，課税売上げを計上することができることとされています（消法16）。

　リース譲渡の場合も，リース資産の譲渡（引渡し）を行った時に当該リース資産の譲渡に対して，インボイスの交付義務が生じるため，支払期日ごとに発生するリース料部分についてはインボイスの交付義務は生じません（インボイスQ&A 問40）。

⑻　国外事業者からの課税仕入れ

　仕入税額控除は，国内で行う課税仕入れについてのみ適用することができるため，海外との取引については対象となりません。一方，国外事業者との取引であっても，国内で行われた取引であれば，仕入税額控除の適用が可能となります。この場合，仕入税額控除の適用を受けるためには，当該国外事業者が交付するインボイスの保存が必要となります（消法30①⑦）。したがって，インボイス制度開始までに，売手となる国外事業者等が適格請求書発行事業者となるのか確認しておく必要があります。

　国外事業者が国内で適格請求書発行事業者の登録を受けるには，「適格請求書発行事業者の登録申請書（国外事業者用）」を，インボイス登録センターへ送付等する必要があります。なお，国外事業者が2023年 9 月 1 日の時点で消費者向け電気通信利用役務の提供を行う「登録国外事業者」としての登録を受けている場合は，前述の登録申請書を提出することなく，インボイス制度開始と同時に，自動的に適格請求書発行事業者に移行することとされています（平成28年改正法附則45①）。

③ 経理担当者以外も知っておくべきインボイス制度の ポイント

(1)　インボイス制度の基本的な仕組み

　経理担当者以外の方であっても，少なくともインボイス制度の開始後は基本的にはすべての取引において，インボイスが必要になるというインボイス制度の基本的な仕組みは知っておくべきです。インボイスを発行できなれば，取引先に迷惑がかかりますし，一方，インボイスを受領できなければ，会社や個人事業主自身のコスト増につながるためです。

　消費税の基本的な仕組みとして，売上の際に預かった消費税から仕入や経費の支払いの際に預けた消費税を差し引いて納付する消費税額を計算するため，通常，消費税は各事業者のコストにはなりません。

　しかし，これはあくまですべての取引について，インボイスを保存することができた場合の話です。免税事業者などの適格請求書発行事業者以外の事業者と取引を行った場合や適格請求書発行事業者との取引であってもインボイスを受領することができなければ，仕入税額控除の適用が受けられず，すなわち，上述の仕入や経費の支払いの際に預けた消費税を差し引くことができず，この仕入税額控除が受けられなかった消費税に相当する金額が事業者にとってのコストとなります。

　インボイス制度の開始後は，売上の際にはインボイスの発行が必要になることと，仕入や経費の支払いの際にはインボイスを受領する必要があることを最低限押さえておきましょう。

(2)　経費精算時の留意点

　前述のとおり，インボイス制度が始まると，基本的にはすべての取引についてインボイスを保存する必要がありますが，その一方で保存の特例も存在しま

す。

　経理担当者以外の方にも関連する取引における特例や注意事項をまとめたものが**図表3-10**です。

　なお，経費精算を行う者が誤って自身の氏名で領収書を受領したり，自身のIDでインターネット通販を利用した際の請求書に自身の氏名が入っていた場合など，宛名が経費精算を行う者の氏名になっている場合は，インボイスに加え，立替金精算書の保存が必要となりますので，注意が必要です（インボイスQ&A 問92）。

図表3-10　取引ごとの注意点（例外的な取扱い）

勘定科目（例示）	取引内容	取引詳細	対応	留意点
旅費交通費	従業員等に支給する出張旅費等	出張旅費，宿泊費，日当及び通勤手当	インボイスの保存がなくても仕入税額控除が可能	通常必要と認められるものに限られます。
	公共交通機関（鉄道，バス，船舶，モノレール等）	1回あたりの取引金額（税込）が3万円未満の取引	インボイスの保存がなくても仕入税額控除が可能	●特急料金，急行料金及び寝台料金も取引金額に含まれます。 ●入場料金や手回品料金，貨物留置料金等は，旅客の運送に直接的に附帯する対価ではないため，取引金額に含まれません（インボイスの保存が必要）。
		利用の際に入場券等が回収される取引	インボイスの保存がなくても仕入税額控除が可能	取引金額は問いません。
	公共交通機関以外（タクシー，航空機等）		インボイス又は簡易インボイスの保存によって，仕入税額控除が可能	●従業員等に支給する出張旅費等に該当する場合は，インボイス等の保存がなくても仕入税額控除が可能。 ●事業者が免税事業者の場合，インボイス等を受領することができません。仕入税額控除が不可となります。
	高速道路料金	料金所（窓口，精算機）での支払い	インボイス又は簡易インボイスの保存によって，仕入税額控除が可能	料金所にて，インボイス等（領収書，利用証明書等）を受領する必要があります。
		ETC クレジットカードでの支払い	インボイス又は簡易インボイスの保存によって，仕入税額控除が可能	●ETC 利用照会サービスにて，インボイス等（利用証明書）を受領する必要があります。この場合，料金所で交付される利用証明書はインボイス対象外となります。 ●ETC 利用照会サービスにて，利用料金が確定したものがインボイスの対象となります。

		ETC コーポレートカードやパーソナルカードでの支払い	インボイスの保存によって，仕入税額控除が可能	各社からインボイスを受領する必要があります。
	コインパーキング		インボイス又は簡易インボイスの保存によって，仕入税額控除が可能	●代金の支払いや券類の発行はその機械装置で行われるものの，資産の譲渡等は別途行われるようなものについては自動販売機等特例の対象にはなりません。 ●インボイス等を受領・保存していなければ，仕入税額控除が不可となります。
交際費	飲食店		簡易インボイスの保存によって，仕入税額控除が可能	事業者が免税事業者の場合，簡易インボイスを受領することができません。仕入税額控除が不可となります。
取材費	映画・演劇・美術館・遊園地等	入場券等が，使用の際に回収される取引	インボイスの保存がなくても仕入税額控除が可能	入場券の他に請求書等が発行されている場合は，その請求書等をインボイスとして保存する必要があります。
	コピー代	自動券売機	インボイス又は簡易インボイスの保存によって，仕入税額控除が可能	●代金の支払いや券類の発行はその機械装置で行われるものの資産譲渡等は別途行われるようなものについては自動販売機等特例の対象にはなりません。 ●インボイス等を受領・保存していなければ，仕入税額控除が不可となります。
		コンビニ等に設置されたマルチコピー機		
会議費	会議室・イベント会場		インボイスの保存によって，仕入税額控除が可能	事業者が免税事業者の場合，インボイスを受領することができません。仕入税額控除が不可となります。
	テレワークブース	1回あたりの取引金額（税込）が3万円未満の取引	インボイスの保存がなくても仕入税額控除が可能	自動販売機等特例の対象。
その他	小売店		簡易インボイスの保存によって，仕入税額控除が可能	事業者が免税事業者の場合，簡易インボイスを受領することができません。仕入税額控除が不可となります。
		セルフレジでの支払い	簡易インボイスの保存によって，仕入税額控除が可能	●代金の支払いや券類の発行はその機械装置で行われるものの資産譲渡等は別途行われるようなものについては自動販売機等特例の対象にはなりません。 ●簡易インボイスを受領・保存していなければ，仕入税額控除が不可となります。
	自動販売機，自動サービス機等	1回あたりの取引金額（税込）が3万円未満の取引	インボイスの保存がなくても仕入税額控除が可能	●自動販売機等特例の対象。 ●その他対象となる取引の例 －自動販売機による飲食料品の購入 －コインロッカーやコインランドリー等によるサービス －金融機関のATMによる手数料の支払い

4　税額計算

(1)　税額計算

①　基本となる計算方法

　インボイス制度がはじまる2023年10月１日以降も，売上税額から仕入税額を控除するという消費税額の計算方法に変更はありません。しかし，インボイスの導入によって，その計算の要素である売上税額及び仕入税額の計算方法に変更が加わっています。計算方法の選択によっては，消費税額の納付税額が大きくなってしまうこともあるため，慎重な検討が必要となります。

②　売上税額

　インボイス制度導入後も，売上税額の計算方法は「割戻し計算」が原則となります。ただし，適格請求書発行事業者が交付したインボイスの写しを保存している場合には，インボイスに記載された消費税額を積み上げて計算する「積上げ計算」も認められています。

● 割戻し計算（原則）

　税率ごとに区分した課税売上高の税込価額の合計額を，税率ごとに割り戻して計算する方法です。計算方法のイメージは以下のとおりです（消法45①）。

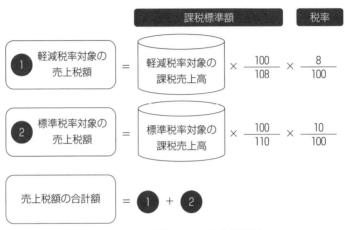

図表3-11　**売上税額の割戻し計算**

※便宜上，消費税及び地方消費税を合算しています（以下同じ）。

• 積上げ計算（特例）

　インボイス又は簡易インボイスに記載した消費税額の合計額に基づいて計算する方法です。計算方法のイメージは以下のとおりです（消法45⑤，消令62①）。

図表3-12　**売上税額の積上げ計算**

　なお，売上税額を「積上げ計算」によって計算する場合には，仕入税額の計算も「積上げ計算」によることが求められます。また，売上税額の計算は，取引先ごとに「割戻し計算」と「積上げ計算」を併用することも認められますが，併用した場合であっても売上税額の計算について「積上げ計算」を適用した場合に当たるため，仕入税額の計算方法は「積上げ計算」によることが求められ

ます（インボイス通達 3 -13）。

　また，簡易インボイスを交付する場合には，その記載事項として，「適用税率」
又は「税率ごとに区分した消費税額」のいずれかを記載すればよいこととされ
ていますが，「積上げ計算」を行う場合には，「適用税率」ではなく，「税率ご
とに区分した消費税額」を記載しなければ，「積上げ計算」を行うことができ
ませんので，簡易インボイスを交付する場合には注意が必要です（インボイス
通達 3 -13（注）1 ）。

③　仕入税額

　仕入税額の計算方法は，インボイスに記載された消費税額を積上げ計算する
「積上げ計算」が原則となります。なお，売上税額の計算方法として「割戻し
計算」を行う場合に限り，仕入税額の計算においても「割戻し計算」を採用す
ることができます。

● 積上げ計算（原則）

　交付を受けたインボイス等に記載された消費税額の合計額に基づいて計算す
る方法です。計算方法のイメージは以下のとおりです（消法30①，消令46①，
70の10）。

図表 3 -13　**仕入税額の請求書等積上げ計算**

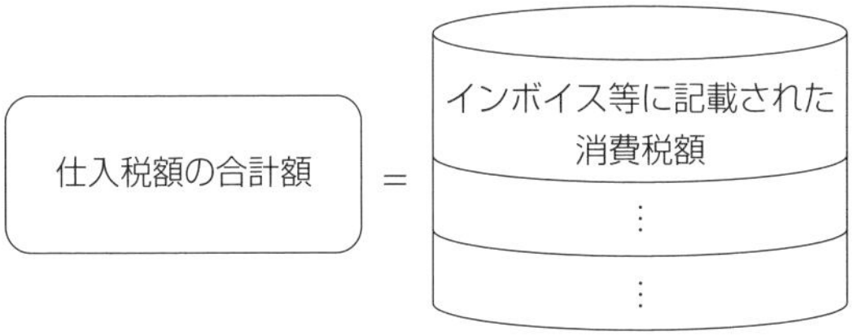

なお，「積上げ計算」については，前述の「請求書等積上げ計算」以外の方
法として，課税仕入れの都度，税率ごとに区分した課税仕入れの税込価額を，

税率ごとに割り戻して算出した消費税相当額を仮払消費税額等として帳簿に計上し，その消費税相当額の合計額に基づいて計算する「帳簿積上げ計算」も認められています。計算方法のイメージは以下のとおりです（消法30①，消令46②）。

図表3-14　仕入税額の帳簿積上げ計算

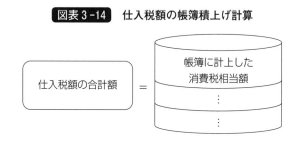

この場合の「課税仕入れの都度」とは，例えば，インボイスの交付を受けた際に，当該インボイスを単位として帳簿に仮払消費税額等として計上している場合のほか，課税期間の範囲内で一定の期間内に行った課税仕入れについて，まとめて交付を受けたインボイスを単位として帳簿に仮払消費税額等として計上する場合も認められます（インボイス通達4-4）。

● 割戻し計算（特例）

税率ごとに区分した課税仕入れの税込価額の合計額を，税率ごとに割り戻して計算する方法です。計算方法のイメージは以下のとおりです（消法30①，消令46③）。なお，仕入税額を「割戻し計算」により計算することができるのは，売上税額を「割戻し計算」により計算している場合に限られます。

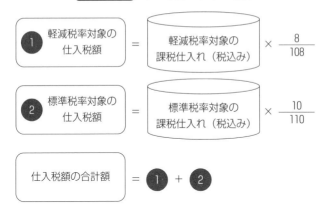

図表3-15　仕入税額の割戻し計算

(2)　計算方法の選択

　消費税額の計算における売上税額と仕入税額の計算方法の選択は，なるべく消費税の納税額が小さくなるよう選択したいところですが，そのために経理業務の負担が大きくなりすぎては意味がありません。消費税の税負担と経理業務の工数とを比較し，慎重に検討する必要があります。

　なお，計算方法の選択にあたっては，通常，売上税額を積上げ計算，仕入税額を割戻し計算とする組み合わせが最も有利に（納税額が少なく）なるケースが多いと考えられますが，この組み合わせだけは選択することができませんので注意が必要です。

　計算方法の組み合わせは以下のとおりです。

図表3-16　計算方法の組み合わせ

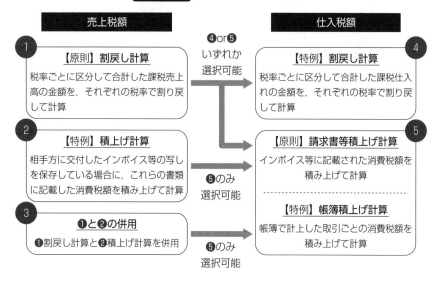

　いいところ取りは許されない？

　一般的に，消費税の計算において最も有利となる「売上税額―積上げ計算，仕入税額―割戻し計算」という組み合わせは認められていません。なぜでしょうか。具体例で確認してみましょう。

具体例：1個600円（うち消費税額等44円※）の弁当を10,000個販売した。

① 積上げ計算の場合

　　消費税額等44円×10,000個＝<u>440,000円</u>

② 割戻し計算の場合

　　6,000,000円（600円×10,000個）×100/108＝5,555,555円

　　　　　　　　　　　　　　　　　　　　　　　　→5,555,000円（千円未満切捨）

　　5,555,000×8％（軽減税率）＝<u>444,400円</u>

※　軽減税率対象

　　600円×8/108＝44.444…円→44円（1円未満切捨）

　消費税の納付税額は，「売上税額―仕入税額」で計算されます。したがって，売上税額は小さい方が，一方，仕入税額は大きい方が消費税の納付税額が小さくなります。「売上税額―積上げ計算，仕入税額―割戻し計算」の組み合わせが最

も有利（納付税額が小さく）になるのです（しかし，それゆえにこの組み合わせは認められていません）。

(3)　会計処理を行う際の留意点

①　インボイスと帳簿上の消費税額の差異

現行の区分記載請求書等保存法式においては，請求書等に記載する消費税額の端数処理に関するルールがなく，商品単位ごと（明細行ごと）に端数処理を行うことが一般的です。一方，インボイス制度においては，税率ごとに区分した対価の額に税率を乗じて消費税額を算出することがルール化されます。そのため，従来のように商品単位ごと（明細行ごと）の税込金額をもとに仕訳を行うと，インボイスに記載された消費税額と帳簿上の消費税額に差額が生じる可能性があります。

この場合，以下のような調整処理が必要となります。まずは，売上のケースから見ていきましょう。

図表3-17　インボイスと帳簿上の消費税額に差額が生じる例（売上）

■取引状況（納品書情報）

取引月日	内容	数量	単価	税抜金額	消費税額等	税込金額
5／5	製品A	1	1,055	1,055	105	1,160
5／10	製品A	1	1,055	1,055	105	1,160
5／15	製品B	1	2,055	2,055	205	2,260
5／20	製品B	1	2,055	2,055	205	2,260

■帳簿への記帳

取引月日	借方	金額	貸方	金額
5／5	売掛金	1,160	売上	1,055
			仮受消費税等	105

5/10	売掛金	1,160	売上	1,055
			仮受消費税等	105
5/15	売掛金	2,260	売上	2,055
			仮受消費税等	205
5/20	売掛金	2,260	売上	2,055
			仮受消費税等	205

■帳簿上の合計額

税抜金額	消費税額等	税込金額
6,220	620	6,840

　月まとめの請求書（インボイス）を交付する場合，帳簿上の消費税額と2円
ずれが生じます。

■月次請求書（インボイス）を交付

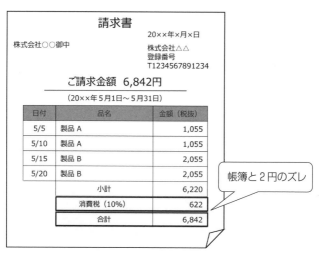

■インボイスと帳簿上の消費税額の差額調整の方法

＜割戻し計算＞

　インボイスに記載した税込金額6,842円に基づいて消費税額を計算するため差額2円について，以下の調整が必要となります。

借方	金額	貸方	金額
現預金	6,842	売掛金	6,840
		仮受消費税等	2

＜積上げ計算＞

　インボイスに記載した消費税額等622円に基づいて消費税額を計算するため，消費税額の計算の観点からは，必ずしも帳簿上の仮受消費税額等の金額とインボイスに記載した消費税額等を一致させる必要はありません。

　しかし，納品書（売掛金計上額）と請求書（入金額）で生じた2円分の差額について調整を行わなければ，売掛金の残高が正しく算定されないため，割戻し計算と同様の調整を行う必要があります。

　このように，割戻し計算の場合はインボイスに記載された税込金額と帳簿上の税込金額に差額が生じる場合，差額の調整が必要となります。

　しかし，インボイス制度開始後も**図表3-17**のように納品書ベースで売上及び仮受消費税額等を計上する場合には，ａ．納品書をインボイスとする，ｂ．インボイスである請求書に税込金額を記載する，といった対応で調整不要とすることが可能です。

対応例 a ． 納品書をインボイスとする

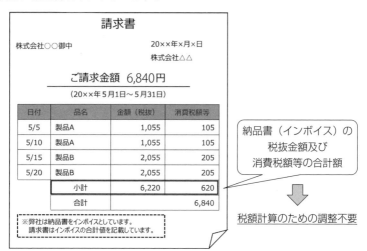

対応例 b ． インボイスに税込金額を記載する

　一方，仕入の場合も以下のような調整処理が必要となります。

図表3-18　インボイスと帳簿上の消費税額に差額が生じる例（仕入）

■取引状況（納品書情報）

取引月日	内容	数量	単価	税抜金額	消費税額等	税込金額
5/5	製品A	1	1,055	1,055	105	1,160
5/10	製品A	1	1,055	1,055	105	1,160
5/15	製品B	1	2,055	2,055	205	2,260
5/20	製品B	1	2,055	2,055	205	2,260

■帳簿への記帳

取引月日	借方	金額	貸方	金額
5/5	仕入	1,055	買掛金	1,160
	仮払消費税等	105		
5/10	仕入	1,055	買掛金	1,160
	仮払消費税等	105		
5/15	仕入	2,055	買掛金	2,260
	仮払消費税等	205		
5/20	仕入	2,055	買掛金	2,260
	仮払消費税等	205		

■帳簿上の合計額

税抜金額	消費税額等	税込金額
6,220	620	6,840

　月まとめの請求書（インボイス）を受領し，対価を支払う場合，帳簿上の消費税額と2円ずれが生じます。

■月次請求書（インボイス）を受領・対価を支払い

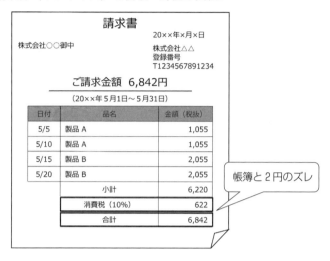

■インボイスと帳簿上の消費税額の差額調整の方法

＜割戻し計算＞

インボイスに記載した税込金額6,842円に基づいて消費税額を計算するため差額2円について，以下の調整が必要となります。

借方	金額	貸方	金額
買掛金	6,840	現預金	6,842
仮払消費税等	2		

＜インボイス積上げ計算＞

インボイスに記載された消費税額等622円に基づいて消費税額を計算するため，消費税額の計算の観点からは，必ずしも帳簿上の仮払消費税額等の金額とインボイスに記載された消費税額等を一致させる必要はありません。

しかし，納品書（買掛金計上額）と請求書（支払額）で生じた2円分の差額について調整を行わなければ，買掛金の残高が正しく算定されないため，割戻

し計算と同様の調整を行う必要があります。

＜帳簿積上げ計算＞

　課税仕入れの都度，帳簿に記載した仮払消費税等の額である620円に基づいて消費税額を算出することを認めているため，必ずしもインボイスに記載された消費税額等との差額について調整する必要はありません。

　ただし，インボイス積上げ計算の場合と同じく，納品書（買掛金計上額）と請求書（支払額）で生じた2円分の差額について調整を行わなければ，買掛金の残高が正しく算定されないため，次のような調整を行う必要があります。

借方	金額	貸方	金額
買掛金	6,840	現預金	6,842
仕入	2		

②　一のインボイスに複数の勘定科目が存在するケース

　現行の区分記載請求書等保存法式においては，請求書等に記載する消費税額の端数処理に関するルールがなく，商品単位ごと（明細行ごと）に端数処理を行うことが一般的です。そのため，1つの請求書等から「仕入」と「消耗品費」など勘定科目に応じて複数の仕訳を行う際，商品ごとの税込金額を合計して仕訳を行えば請求書等に記載された消費税額と帳簿上の消費税額が一致します。

　一方，インボイス制度においては，税率ごとに区分した対価の額に税率を乗じて消費税額を算出することがルール化されます。そのため，従来のように商品ごとの税込金額を合計して仕訳を行うと，インボイスに記載された消費税額と帳簿上の消費税額に差額が生じる可能性があります。これを回避するためには，以下のような手順で仕訳を行う必要があります。

> 　i　勘定科目ごとに商品明細を分類
> 　ii　その商品の税率別・課税区分別に税抜金額を集計

> iii　それぞれの税率をかけて税込金額を計算
> iv　インボイスの金額と異なる場合，仮払消費税等で調整

③　免税事業者との取引

　インボイス制度においては，原則として，免税事業者などの適格請求書発行事業者以外の事業者からの仕入れについては，仕入税額控除ができなくなります。しかし，仕入税額控除の経過措置（P.17）により，制度開始後一定期間については，仕入税額相当額の一定割合を仕入税額とみなして控除することが可能です。

　経過措置を適用する場合における仕入税額とみなす金額の具体的な計算方法（80％控除の場合）は以下のとおりです。

● 積上げ計算の場合

　経過措置の適用を受ける課税仕入れの都度，その課税仕入れに係る支払対価の額に110分の7.8（軽減税率の対象となる場合は108分の6.24）を乗じて算出した金額に100分の80を乗じて算出します（その金額に1円未満の端数が生じたときは，その端数を切捨て又は四捨五入します）。

● 割戻し計算の場合

　課税期間中に行った経過措置の適用を受ける課税仕入れに係る支払対価の額の合計金額に110分の7.8（軽減税率の対象となる場合は108分の6.24）を乗じて算出した金額に100分の80を乗じて算出します。

　なお，経過措置の適用を受ける場合，支払った消費税額の20％部分については仕入税額控除が認められないため，消費税額の20％相当額を原科目や租税公課，あるいは雑損失などの勘定科目に振り替える必要があります。また，この振替作業を課税仕入れの都度行うのか，決算期など一定期間にまとめて行うの

かも含めて，インボイス制度の開始までに経理担当者間でルールを決めておくことが望ましいでしょう。

<table>
<tr><td colspan="4">**図表3-19**　経過措置適用時の計算例</td></tr>
</table>

図表3-19　経過措置適用時の計算例

■パターン①　取引の都度，特定の科目に振替

消耗品	10,200	現金	11,000
仮払消費税	800		

■パターン②　期末に一括して振替

期中処理

消耗品	10,000	現金	11,000
仮払消費税	1,000		

期末処理

雑損失	200	仮払消費税	200

(4)　申告書の改正

インボイス制度の導入により，消費税申告書の様式が改正されます。改正の主なポイントは次の2点です。

- 経過措置の適用を受ける課税仕入れと経過措置の割合を乗じた消費税額を記入する欄が，それぞれ申告書付表2-1～2-3の⑪と⑫に新設されること
- インボイスの保存を省略することができる（帳簿のみ保存）課税仕入れとこれに係る消費税額については，同付表の⑨と⑩に含めて記載すること

したがって，経過措置の適用を受ける税込金額合計とこれに係る消費税額の80％相当額を把握できるようにするための仕組みが必要になります。多くの事業者では，これらの金額を会計システム上で把握するものと思われますので，利用している会計システムの対応状況などを確認しておくことが望ましいでしょう。

図表3-20 消費税申告書の追加事項

第4-(2)号様式
付表2-1 課税売上割合・控除対象仕入税額等の計算表
〔経過措置対象課税資産の譲渡等を含む課税期間用〕 一般

課税期間	・ ・ ～ ・ ・	氏名又は名称	

項 目	旧税率分小計 X	税率6.24％適用分 D	税率7.8％適用分 E	合 計 F (X+D+E)
課税売上額（税抜き）①				
免税売上額 ②				
非課税資産の輸出等の金額、海外支店等へ移送した資産の価額 ③				
課税資産の譲渡等の対価の額（①+②+③）④				
課税資産の譲渡等の対価の額（④の金額）⑤				
非課税売上額 ⑥				
資産の譲渡等の対価の額（⑤+⑥）⑦				
課税売上割合（④ / ⑦）⑧				[％]
課税仕入れに係る支払対価の額（税込み）⑨				
課税仕入れに係る消費税額 ⑩				
適格請求書発行事業者以外の者から行った課税仕入れに係る経過措置の適用を受ける課税仕入れに係る支払対価の額（税込み）⑪				
適格請求書発行事業者以外の者から行った課税仕入れに係る経過措置により課税仕入れに係る消費税額とみなされる額 ⑫				
特定課税仕入れに係る支払対価の額 ⑬				

適格請求書発行事業者以外の者から行った課税仕入れに係る経過措置の適用を受ける課税仕入れに係る支払対価の額(税込み) ⑪

適格請求書発行事業者以外の者から行った課税仕入れに係る経過措置により課税仕入れに係る消費税額とみなされる金額 ⑫

第 *2* 部

電子帳簿保存法

第4章

電子帳簿保存法のキホン

⓵ 電帳法の前提知識：3つのポイント

　令和3年度税制改正において，電子取引のデータ保存が義務化された「電子帳簿保存法」[※]。申告所得税や法人税の納税者を対象として，それまでは，データでやり取りしていた電子取引情報は紙に出力して保存しておけばよかったものが，データで保存しなければならないこととされました。このため，大きな関心を集めましたが，この法律は一体どのようなものなのでしょうか。以下，簡単に解説していきましょう。

※　正式には「電子計算機を使用して作成する国税関係帳簿書類の保存等の特例に関する法律（平成10年法律第25号）」といいます（第2部では，この法律を「電帳法」，その施行規則を「電帳規」といいます）。

> #### ポイント1
> 　電帳法とは，税法上，紙での保存を義務付けられている帳簿や取引書類を電子的に保存するための要件を定めた法律です。

　法人税法や所得税法といった税法では，「帳簿書類」を整理し，これを一定期間，納税地に書面（紙）で保存しなければなりません（法規59①一，所規63①一）。

　電帳法とは，税法において書面で保存することとなっている帳簿や書類につ

いて，一定の要件を満たせば，電子的に保存することを可能とする法律なのです。

電帳法が狙うもの。それは，帳簿や取引書類といった税務に係る証ひょう類の作成や保存を電子的に行うことを促進して，企業のバックオフィス業務のデジタル化を促すこと，ひいては企業の生産性向上につなげることです。また，納税者に帳簿書類を適切に保存してもらうことによって，記帳水準を向上させようという狙いもあります。

> ┌ ポイント2 ┐
> 電帳法において保存の対象となるのは，「国税関係帳簿」と「国税関係書類」です。

そもそも税法において保存することとなっている「帳簿」とは何か，「書類」とは何か。これをあらかじめ押さえておいていただく必要があります。電帳法における電子的保存ルールの対象が，税法において保存することになっている「帳簿」や「書類」に他ならないからです。

電帳法では，前者を「国税関係帳簿」と呼び，「国税に関する法律の規定により備付け及び保存をしなければならないこととされている帳簿」（電帳法2二）をいうものとし，後者を「国税関係書類」と呼んで，「国税に関する法律の規定により保存をしなければならないこととされている書類」（同上）をいうものとしています。

具体的には，**図表4-1**をご覧ください。

図表4-1の「国税関係帳簿」のうち，「一定の取引に関して作成されたその他の帳簿」とは，国税庁「電子帳簿保存法一問一答」（令和5年6月）（特に断りのない限り「令和6年1月1日以後の取扱いに関するもの」に基づきます。以下「一問一答」といいます）の「電子計算機を使用して作成する帳簿書類関係」問39においては，「例えば，現金出納帳，固定資産台帳，売掛帳，買掛帳，経費帳等の帳簿を作成している場合には…」とあり，これらの帳簿が「その他必要な帳簿」の例であることを示しています（国税庁「一問一答【電子計算機を使用して作成する帳簿書類関係】」問39）。

図表4-1　国税関係帳簿書類の種類

区　分			内　容
国税関係帳簿			仕訳帳，総勘定元帳，一定の取引に関して作成されたその他の帳簿
国税関係書類	決算関係書類等		棚卸表，貸借対照表，損益計算書， 計算・整理又は決算に関して作成されたその他の書類
	取引関係書類	重要書類	契約書，領収書，預り証，借用証書，預金通帳，小切手，約束手形，有価証券受渡計算書，社債申込書，契約の申込書（定型的約款のないもの），請求書，納品書，送り状，輸出証明書， 及び恒久的施設との間の内部取引に関して外国法人等が作成する書類のうち上記に相当するもの 並びにこれらの写し（納品書の写しを除く）
		一般書類	検収書，入庫報告書，貨物受領証，見積書，注文書，契約の申込書（定型的約款のあるもの）， 並びにこれらの写し 及び納品書の写し

（出典）　国税庁「電子帳簿保存法一問一答【スキャナ保存関係】（令和4年6月）」3頁掲載の図の内
　　　　容を参考に筆者において編集したもの

　また，国税関係書類には，「決算関係書類等」と「取引関係書類」があります。
例えば青色申告法人の場合には，法人税法施行規則59条1項において「棚卸表，
貸借対照表及び損益計算書並びに決算に関して作成されたその他の書類」（法
規59①二。「決算関係書類等」といいます）及び「取引に関して，相手方から
受け取った注文書，契約書，送り状，領収書，見積書その他これらに準ずる書
類及び自己の作成したこれらの書類でその写しのあるものはその写し」（同項
三。「取引関係書類」といいます）について，納税地（後者については国内の
事務所，事業者等でも可）に7年間保存することとされています（法規59①）。
　「取引関係書類」については，国税庁では以下①～③の3タイプに分類し，①，
②を重要書類（電帳法4条3項に規定する国税関係書類のうち，電帳法施行規
則2条7項に規定する国税庁長官が定める書類以外の書類），③を一般書類（電
帳法施行規則2条7項に規定する国税庁長官が定める書類）としています（国

税庁「一問一答【スキャナ保存関係】」問2）。

① 一連の取引過程における開始時点と終了時点の取引内容を明らかにする書類で，取引の中間過程で作成される書類の真実性を補完する書類

② 一連の取引の中間過程で作成される書類で，所得金額の計算と直結・連動する書類

③ 資金の流れや物の流れに直結・連動しない書類

　取引に関する書類で，上記の表で具体的に掲げられていないものについては，この①〜③の基準に照らして国税関係書類に該当するかどうか，なるとすれば重要書類なのか，一般書類なのかを判断することとなります。

> ポイント3
>
> 　電帳法においては，①自己作成帳簿書類保存制度，②スキャナ保存制度，③電子取引データ保存制度の3つのカテゴリーがあります。

　電帳法には，①自己作成帳簿書類保存制度，②スキャナ保存制度，③電子取引データ保存制度の3つのカテゴリーがあります。具体的には，以下のとおりです。

① 自己作成帳簿書類保存制度（電帳法4①，②）

　自己が最初の段階から一貫してシステム等を使用して作成した「国税関係帳簿」や「国税関係書類」をデータとして保存するためのしくみ

② スキャナ保存制度（電帳法4③）

　取引先から紙（書面）で受領したり，紙（書面）で作成した「国税関係書類」をスキャナで読み込んでデータとして保存するためのしくみ

③ 電子取引データ保存制度（電帳法7）

　「国税関係書類」に通常記載される取引情報をクラウドサービスや電子メールなどでやりとりする電子取引について，その情報をデータとして保存するためのしくみ

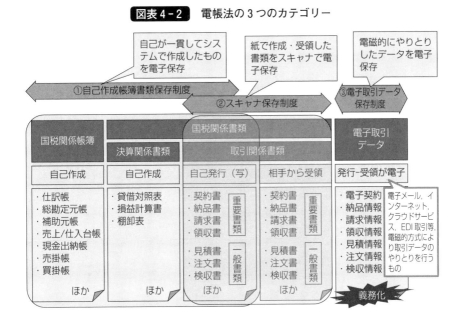

図表 4 - 2　電帳法の 3 つのカテゴリー

全体像を把握するために，**図表 4 - 2** でイメージしてみてください。

2　自己作成帳簿書類保存の基本ルール：
　5 つのポイント

　会社などが，会計ソフトやシステムを用いて一貫して電子的に作成した，仕訳帳や総勘定元帳などの「帳簿」や請求書などの「書類」について，見読可能装置（ディスプレイ等）やシステムの操作説明書等の備付けなど，電帳法で定められた要件を満たしている場合には，紙での保存に代えて，データのまま保存することができる制度です。

　裏を返せば，電帳法上の要件を満たさない場合には，自己が作成した帳簿や書類は，会計ソフト等を用いて作成したものであっても，書面に出力して保存する必要がある，ということになります。なお，自己が作成した帳簿や書類をデータで保存するか否かは任意となっています。

　電帳法上で求められる要件のハードルは高くはありません。システムで作成した帳簿や請求書については，電帳法上の要件を満たしたうえで，データのまま保存することを考えてみてはいかがでしょうか。

　自己作成帳簿書類の電帳法上の保存要件は以下のとおりです（電帳法4①，②，電帳規2①～③）。

○　自己作成帳簿書類の保存要件

☑　自己が最初の記録段階から一貫して電子計算機を使用して作成する帳簿書類であること

☑　複式簿記の原則により記録されていること（帳簿の場合）

☑　帳簿書類を作成・保存するシステムの操作説明書や帳簿書類の作成・保存に当たっての「電子計算機処理，帳簿データの備付け，データの保存に関する事務手続を明らかにした書類」等を備え付けること

　※　詳しくは図表4-3を参照してください。

☑　見読可能装置等（電子計算機，プログラム，ディスプレイ，プリンタ），これらの操作説明書を備え付けること

☑　保存したデータをディスプレイの画面及び書面に，整然とした形式及び明瞭な状態で速やかに出力できるようにしておくこと

☑　税務職員の質問検査権に基づくダウンロードの求めに応じることができるようにしておくこと

以下，ポイントとなる点について解説します。

ポイント1

　データでの保存が認められる自己作成の帳簿や書類とは，「自己が一貫して電子計算機を使用して」作成したものです。

　データでの保存が認められる「帳簿」とは，「自己が最初の記録段階から一貫して電子計算機を使用して作成する帳簿」であって，「財務省令すなわち電帳法施行規則の要件にしたがって保存されたもの」です（電帳法4①）。複式

簿記の原則により記録されていることが前提となります（電帳規2①）。これを一般に「電子帳簿」と呼んでいます。

　自己が作成した「書類」（以下「自己作成書類」といいます）については，「国税関係書類の全部又は一部について，自己が一貫して電子計算機を使用して作成する」もので，帳簿の場合とほぼ同様の要件によりデータ保存することとなります。

　ここでいう「自己が」とは，例えば，帳簿作成等を会計事務所や記帳代行業者に委託している場合も，これに含まれます（「電子帳簿保存法取扱通達」（令和5年6月23日付一部改正分まで更新）（令和6年1月1日施行分）（以下「取扱通達」といいます）4-3）。したがって，委託先からデータで帳簿の納品を受けていたり，逆に記帳代行業者や会計事務所からは，顧客にデータの状態で帳簿を納品する場合には，電帳法上の要件を満たしたうえで行う必要があります。

　「一貫して電子計算機を使用して作成する」ものですから，手書きなどが加わらないことが大前提です。帳簿の場合ですと，「手書きなど電子計算機を使用しない過程を踏まずに，記録を蓄積していく段階の始めから終わりまで電子計算機の使用を貫いて作成する場合をいう」（取扱通達4-4（解説））こととされます。また，電子帳簿として保存されるべきデータも，会計システムのデータのみを保存しておけばよいわけではなく，個別取引データが保存されている販売管理システム等のデータも合わせて保存することとなりますので，注意が必要です（「一問一答【電子計算機を使用して作成する帳簿書類関係】」問19）。

　また，自己作成書類の場合であれば，例えばパソコンで作成した請求書を書面に出力し，それに手書きで新たな情報を付け加えたものは，一貫して電子計算機を使用して作成したものではありませんので，その請求書は，紙で保存しなければならないこととなります（「一問一答【電子計算機を使用して作成する帳簿書類関係】」問24）。

> **Column** 電子帳簿の保存要件の対応
>
> 　一般電子帳簿の保存要件は，会計ソフトの操作説明書や見読可能装置等の備付け，そして税務職員のダウンロードの求めに応じること，と比較的容易なものです。自社で会計ソフトを使用するなど自計化している会社や事業者だけでなく，記帳や帳簿作成を会計事務所等に委託している会社，逆に顧客から記帳を受託している会計事務所等において，紙で帳簿を出力・保存，あるいは納品するのではなく，データの形で保存することは，かなり容易です。反対に，上述の電帳法上の要件を満たさずに，紙に出力することなくデータのまま保存している状態なのであれば，ぜひ，電帳法上の要件を満たしたうえで保存するようにしてください。

> ポイント2
> 　自己作成書類の何を保存するかは，例えば請求書や納品書などの書類の種類ごと，または事業部や事業所ごと，作成システムごとなど，合理的な区分に従って決めることができます。

　自己作成書類としてデータ保存する場合，保存の対象は，国税関係書類，すなわち，棚卸表や貸借対照表・損益計算書などの決算関係書類等と発行請求書の写しなどの取引関係書類です。

　システムで作成した書類をデータで保存するかしないかはあくまで任意であり，また，何を保存するかについても，書類の作成・保存の実態に応じて，例えば，国税関係書類の種類ごと，本店または事業部若しくは事業所ごと，作成システムごとなど合理的な区分に従って決定することが可能です（取扱通達4－2）。

　具体的には，①請求書発行システムで作成した請求書の写しをデータとして保存する，②本社資材部で発行した注文書写しをデータとして保存する，③○○事業所で作成した見積書写しをデータで保存する，などのケースを思い浮かべていただければよろしいかと思います。

　なお，自己作成書類の場合，保存すべきデータは，「作成中のものをいうのではなく，当該書類が作成された時点のもの」ということとなります（「一問

一答【電子計算機を使用して作成する帳簿書類関係】」問23）。ここでいう「当該書類が作成された時点のもの」とは，請求書や見積書などのように相手方に交付される書類の作成データであれば，これを「書面に出力して相手方に交付した時点でのデータ」を保存することとなりますし，決算関係書類等のように相手方に交付されない書類の作成データであれば，「その書類の作成を了したと認められる時点でのデータ」ということになります（「一問一答【電子計算機を使用して作成する帳簿書類関係】」問23）ので注意が必要です。

> **ポイント3**
>
> 　電子帳簿や自己作成書類をデータで保存するためには，①「見読可能装置等」（パソコン，プログラム，ディスプレイ，プリンタ）とその操作説明書，そして②データの保存等に関する事務手続を明らかにした書類を備え付ける必要があります。

　データで保存する電子帳簿や自己作成書類。当然，明瞭に見ることができる，あるいは出力することができるようにしておかなければなりません。このためパソコンやプログラム（ソフト），ディスプレイ，プリンタといった，いわゆる「見読可能装置等」とその操作説明書を備え付けておく必要があります。

　ここは，よく「システムの概要を記載した書類などを備え付けること」などとわりあい簡単に紹介されているところですが，案外単純ではありません。該当する条文（電帳規2②一）をよく読むと，自社で記帳・帳簿作成しているのか，それとも他社に委託しているのか，あるいは記帳・帳簿作成のプログラムを自社で開発したのか，他社のものを使用しているのかによって，備え付けるべき書類が異なってきます。具体的には**図表4-3**を参考にしてください。

図表4-3 電子帳簿保存に当たって備え付けるべき書類

項　目	自社において帳簿等作成		他社に委託して帳簿等作成	
	自社 プログラム	他社 プログラム	他社 プログラム	自社 プログラム
① システム概要書類（システム基本設計書，システム概要書，フロー図，システム変更履歴書など）【電帳規2②一イ】	○	×	×	○
② システム開発関係書類（システム仕様書，システム設計書，ファイル定義書，プログラム仕様書，プログラムリストなど）【同号ロ】	○	×	×	○
③ システム操作説明書（操作マニュアル，運用マニュアルなど）【同号ハ】	○	○	×	○
④ 事務手続関係書類（入出力処理（記録事項の訂正又は削除及び追加をするための入出力処理を含む。）の手順，日程及び担当部署並びに電磁的記録の保存等の手順及び担当部署などを明らかにした書類）【同号二】	電子計算機処理，データの備付・保存に関する事務手続	電子計算機処理，データの備付・保存に関する事務手続	データの備付・保存に関する事務手続	データの備付・保存に関する事務手続
⑤ 委託契約書 【同号二括弧書】	×	×	○	○

図表4-3のうち④「事務手続関係書類」については，売上げや仕入れに係る

個別の取引情報の入力から経理部署における会計処理，帳簿作成に至るまでの
プロセスをきちんとルール化したうえで，文書にしておくことが求められます
ので，この点について，特に注意が必要です。

ポイント4

　税務職員の質問検査権に基づくダウンロードの求めに応じることができるようにして
おくことが必要です。

　電子帳簿や自己作成書類のデータは，税務職員からのダウンロードの求めに
応じられる状態で保存等を行い，かつ，実際にそのダウンロードの求めがあっ
た場合には，その求めのすべてに応じることが必要です。税務職員の求めに一
部でも応じない場合は，データでの保存は認められないこととなります（取扱
通達4-14）。つまり，税務職員のダウンロードの求めの一部しか応じない場合
には，電帳法の保存要件に従った電子帳簿ということにはならず，帳簿が保存
されているとはみなされないこととなりますので，ご注意ください。

　なお，後述する「優良な電子帳簿」の要件を満たして帳簿のデータを保存す
る場合，あるいは自己作成書類のデータに検索機能を付けて保存した場合には，
この「税務職員の質問検査権に基づくダウンロードの求めに応じること」の要
件は不要となります。ここで求められる検索機能とは，①取引年月日その他の
日付を検索の条件として設定すること，②その範囲を指定して条件を設定する
ことができること，の2点です（電帳規2③，同②柱書）。検索機能が確保さ
れていれば，税務調査において必要なデータの検索を行うことが可能となり，
調査の適正性・効率性が一定程度確保されることとなるからと思われます。

ポイント5

　帳簿は，課税期間の途中から電子帳簿として保存することはできません。一方で書類
は，課税期間の中途からでも，それ以後の作成分をデータとして保存することが可能で
す。

　帳簿については，「課税期間の中途から電磁的記録等による保存をすること
はできない」（「一問一答【電子計算機を使用して作成する帳簿書類関係】」問6）

こととされています。ですから，3月末決算の会社の場合ですと，最速で令和6年4月から始まる事業年度，すなわち令和7年3月期の帳簿ということになります。

これに対して，自己作成書類の場合は，課税期間の中途からであっても，それ以後の作成分をデータとして保存できます（同上）。

なお，電子帳簿，自己作成書類いずれの場合であっても，作成した書類のデータでの保存に当たっては，データでの保存を開始した日（保存等に代える日）とデータでの保存を取りやめた日（保存等に代えることをやめた日）を明確にしておく必要があります（取扱通達4-2なお書き）。

③ スキャナ保存の基本ルール：9つのポイント

相手方と書面によりやりとりした請求書などの取引関係書類について，書面による保存に代えて，スキャナ等で読み込み，スキャンしたデータを保存することができるしくみです。「スキャナ等」には，スキャナや複合機の他，スマートフォンやデジタルカメラも含まれます（取扱通達4-6。ただし解像度やカラーの階調が一定以上のものである必要があります）。

スキャナ保存の対象は，請求書や領収書，納品書などの取引関係書類であり，棚卸表や貸借対照表，損益計算書といった決算関係書類等は除かれますので，注意してください。

上記②の自己作成帳簿書類保存と同様，データで保存するか否か，データ保存するとした場合にその対象書類の範囲をどうするかについても，任意に決めることができます。

対象書類の範囲については，合理的な区分にしたがって，国税関係書類の「種類の単位ごと」等，一定の継続性をもって保存等を行うこととなること，電磁的記録による保存等を開始した日（保存等に代える日）及び電磁的記録による保存等を取りやめた日（保存等に代えることをやめた日）を明確にしておく必要があることも，上記②の自己作成帳簿書類の場合と同様です（詳しくは，

② ポイント2 と ポイント5 をご覧ください）。

　なお，検収書や見積書，注文書といった，資金や物の流れに直結・連動しない書類は「一般書類」と呼ばれ，スキャナ保存にあたっては，白黒の画像で可とされたり，入力期間が「適時に入力」となっているなど，それ以外の国税関係書類（以下「重要書類」といいます）より，保存要件が緩和されています。

Column　スキャナ保存を利用するメリット

　スキャナ保存を利用することのメリットは，紙の書類のデータ化によるペーパレス化だけにはとどまりません。例えば，紙の請求書を受け取った従業員がスキャニングによりデータ化し，これをワークフローシステムに載せることにより，請求書の支払申請⇒承認⇒経理処理⇒電子保存の一連の業務フローを一挙に効率化することもできます。また，従業員の経費の立替払いの際に受け取った紙の領収書などをスマートフォンのカメラ機能により撮影し，これを経費精算システムに載せて経費精算事務を効率化することもできます。

　さて，スキャナ保存のための要件は，大きく分けて，保存したデータが真実であることを確保するための「真実性確保のための要件」と，保存したデータを見たり読んだりすることができることを確保するための「可視性確保のための要件」の2つがあります。具体的には，以下のとおりです（電帳法4③，電帳規2④〜⑦，2②一準用）。

　○　スキャナ保存：真実性確保のための要件

【入力期間制限】次のいずれかの期間内に入力すること

☑　書類を作成又は受領後，すみやか（おおむね7営業日以内）に入力

☑　書類を作成又は受領後，その業務の処理に係る通常の期間を経過した後すみやかに（最長2か月とおおむね7営業日以内）に入力（「書類の作成又は受領から入力までの事務処理規程」を定めている場合に限る）

【使用システム】入力に当たっては，次の要件を満たすシステムを使用すること

☑　解像度200dpi以上，カラー画像（赤・緑・青それぞれ256階調以上）

で読み取ることのできるスキャナ等を使用するシステムであること

☑ 書類の作成又は受領後，すみやか（おおむね7営業日以内）にタイムスタンプを付すこと（「当該国税関係書類の作成又は受領から当該タイムスタンプを付すまでの各事務の処理に関する規程」を定めている場合には，その業務の処理に係る通常の期間を経過した後すみやかに（最長2か月とおおむね7営業日）タイムスタンプを付すこと）

> ※ 例えば，NTP（Network Time Protocol）と同期する他社提供のクラウドサーバにより保存を行う場合など，スキャンデータの入力が書類の作成又は受領後すみやか（または最長2か月とおおむね7営業日以内）に行われたことについて，その保存日時の証明が客観的に担保されている場合にはタイムスタンプは不要です。

☑ 解像度，階調，書類の大きさに関する情報を保存すること（ただし，書類を作成又は受領する者がスキャンする場合には，その書類がA4以下であるときには，書類の大きさに関する情報は不要）

> ※ 令和5年度税制改正により，令和6年1月1日以降，この要件はなくなります。

☑ 記録したデータについて訂正又は削除不可，あるいは訂正又は削除の事実及びその内容が確認できること

【適正事務処理】

☑ 入力作業を行う者又はその者を直接監督する者に関する情報を確認することができるようにしておくこと

> ※ 令和5年度税制改正により，令和6年1月1日以降，この要件はなくなります。

【相互関連性の確保】

☑ 書類をスキャンしたデータと，これに関連する帳簿の記録事項との間において，相互にその関連性を確認することができるようにしておくこと

> ※ 令和5年度税制改正により，令和6年1月1日以降，この要件は「重要書類」についてのみ適用されます。

○スキャナ保存：可視性確保のための要件

☑ 保存するシステムの概要を記載した書類等^(※)の備付けを行うこと

※　詳しくは図表4-3を参照してください。

☑　見読可能装置等（電子計算機，プログラム，カラーディスプレイ（映像面の最大径35cm以上），カラープリンタ）及びこれらの操作説明書を備え付けること

☑　保存した取引記録をディスプレイの画面及び書面に整然とした形式，明瞭，かつ拡大又は縮小が可能な状態で，すみやかに出力することができるようにしておくこと

☑　以下の検索機能を確保すること

①　取引年月日その他の日付，取引金額，取引先を検索条件として設定できること

②　日付又は金額について，範囲指定により検索できること

③　二つ以上の任意の記録項目を組み合わせた条件により検索できること

※　税務職員の質問検査権に基づくダウンロードの要請に応じる場合には，上記②，③の要件は不要となります。

以下，ポイントとなる点について解説します。

ポイント1

スキャンしたデータを保存するには，書類の作成又は受領後すみやか（おおむね7営業日以内）にタイムスタンプを付して入力することが原則です。

おおむね7営業日を超えて入力する場合には，「当該国税関係書類の作成又は受領から当該入力までの各事務の処理に関する規程」を定める必要があります。

書類をスキャンしたデータを保存するには，原則としてタイムスタンプを付した上で保存先のシステムに入力する必要があります。入力は，書類の作成又は授受後，原則としてすみやかに（おおむね7営業日以内）行うこととされています（「入力期間制限」要件）。ただし，スキャナ保存しようとする書類に関して，「当該国税関係書類の作成又は受領から当該入力までの各事務の処理に関する規程」を定めている場合には，その業務の処理に係る通常の期間を経過した後，すみやかに入力すればよいこととされており（電帳規2⑥一ロ），そ

の期間は，最長で2か月とおおむね7営業日とされています（「一問一答【スキャナ保存関係】」問22）。

　また，タイムスタンプであれば何でも良いわけではなく，総務大臣が認定する時刻認証業務に係るものであることを要しますのでご注意ください（電帳規2⑥二ロ）。

　なお，見積書や検収書，注文書といった，いわゆる一般書類をスキャンする場合には，「当該電磁的記録の作成及び保存に関する事務の手続を明らかにした書類」において，入力のタイミングを定めることができ，法令上の入力期限はなくなります（電帳規2⑦）。

> **Column**　　**スキャナ保存をする場合の規程作成のコツ**
>
> ---
>
> 　重要書類をスキャナ保存をする場合，保存しようとする書類の作成又は受領後すみやかに入力せず，例えば月締めにまとめてスキャンするなど，一定期間を経過した後に入力する場合には，「当該国税関係書類の作成又は受領から当該入力までの各事務の処理に関する規程」の作成が必要です。慣れない人にとっては，一から作成するのは面倒かもしれません。
>
> 　保存対象書類の範囲と保存開始日を決めたうえで，作成又は受領した書類について①いつ，②誰が，③誰の管理の下で，④何の機器で，⑤どのようにしてスキャンし，⑥何のシステムに，⑦誰が入力するのか，についてのルールを作成することを心がけてください。規程のひな型は「一問一答」にも掲載されていますので，それを参考にするとよいでしょう。

> ┌─────────┐
> │ ポイント2 │
> └─────────┘
> 　スキャニングに当たっては，例えば，3枚で一つの請求書を構成する場合にはその3枚を，また複数のレシートが1枚の台紙に貼付される場合にはその1枚の台紙を「一の入力単位」（一度に読み取り入力する単位）とします。

　スキャニングに当たっては，例えば，多数の請求明細があるため3枚で一つの請求書を構成する場合には，その3枚が（3枚で一つの請求書という）意味的に関連付けられたものとして一度に読み取る単位とし，タイムスタンプ付与や保存先のシステムへの入力も，これを「一の入力単位」として行います。ま

た，複数のレシートが 1 枚の台紙に貼付される場合には，（1 枚の台紙に）物理的に関連付けられたものとして一度に読み取る単位とし，タイムスタンプ付与やシステムへの入力も，これを「一の入力単位」として行うこととなります（取扱通達 4 -19）。

したがって，お互いに，意味的にも物理的にも関連性を持たない複数の取引関係書類を一度にスキャニングしたからといって，これを「一の入力単位」として，タイムスタンプや入力処理を行うことはできませんので，注意が必要です（取扱通達 4 -19【解説】）。

ポイント 3

　保存日時の証明が客観的に担保されるよう時刻証明機能を備え，訂正削除履歴が残る（又は訂正削除できない）システムに入力・保存する場合には，タイムスタンプは不要です。

書類をスキャンしたデータを保存先のシステムに入力する際には，入力期間内にタイムスタンプを付すのが原則ですが，そのシステムに入力期間内に入力したことが確認できる時刻証明機能を備えていれば，タイムスタンプの付与に代えることができます（電帳規 2 ⑥二括弧書，「一問一答【スキャナ保存関係】」問30）。

国税庁では，具体的な方法として，SaaS 型のクラウドサービスが稼働するサーバ（自社システムによる時刻の改ざん可能性を排除したシステム）がNTP サーバ（ネットワーク上で現在時刻を配信するためのサーバ）と同期しており，かつスキャンしたデータが保存された時刻の記録及びその時刻が変更されていないことが確認できるなど，客観的にそのデータ保存の正確性を担保できる場合を例示しています（取扱通達 4 -26解説）。なお，この場合，時刻証明機能を他社へ提供しているベンダー企業以外は自社システムによりタイムスタンプ付与の代替要件を満たすことはできないものとされています（「一問一答【スキャナ保存関係】」問31）。

> ┌─────────────
> │ ポイント 4
> └─────────────
> 　書類をスキャンする際には，原則としてカラー画像（赤・緑・青それぞれ256階調以
> 上）で，鮮明（解像度200dpi 以上）に読み取る必要があります。

　スキャニングは，原則としてカラー（赤・緑・青それぞれ256階調以上）で，
かつ鮮明に（解像度200dpi 以上）行う必要があります。複合機などでスキャ
ンする場合，誤って，スキャナの設定が白黒になっていたり，解像度が200dpi
未満になっていたりすることがあります。この点，読み取りに当たっては，原
則としてカラーであることなどをよく確認したうえで行う必要があります。

　なお，見積書や検収書，注文書といった，いわゆる一般書類をスキャンする
場合には，「当該電磁的記録の作成及び保存に関する事務の手続を明らかにし
た書類」を備え付けることにより，白黒（グレースケール）での読み取りが可
能となります（電帳規 2 ⑦）。

> ┌─────────────
> │ ポイント 5
> └─────────────
> 　スキャンしたデータは，訂正又は削除不可，あるいは訂正又は削除の事実及びその内
> 容が確認できるシステムに保存する必要があります。

　スキャンしたデータは，訂正又は削除が不可であるか，訂正又は削除を行っ
た場合には，これらの事実及び内容を確認することができるシステムに保存す
ることとされています（電帳規 2 ⑥二ニ）。ここで，後者の，訂正又は削除の
履歴を確保することをヴァージョン管理と呼んでいます。

　前者の「訂正又は削除が不可であるシステム」とは，「画像データを全く変
更できないシステムであり，かつ，保存されているデータが読み取り直後の
データであることを証明できる」ものとされています（「一問一答【スキャナ
保存関係】」問34）。

　他方で，「訂正又は削除の事実及びその内容が確認できるシステム」つまり
ヴァージョン管理ができるシステムとは，「電磁的記録を訂正した場合は，例
えば，上書き保存されず，訂正した後の電磁的記録が新たに保存されること，

又は電磁的記録を削除しようとした場合は，例えば，当該電磁的記録は削除されずに削除したという情報が新たに保存されることをいう。」ものとされています（取扱通達4-25）。

つまり，例えば，いったんスキャナ保存した請求書について，日付や細かな修正を行ったものを保存後に受け取った場合，これを当初保存したスキャナ保存書類の第2版，第3版と関連付けていくことが一般的ですが，電帳法のスキャナ保存におけるヴァージョン管理においては，訂正したものを上書き保存するのではなく，その訂正の履歴を残すため第2版，第3版として管理（保存）することになります（「一問一答【スキャナ保存関係】」問32）。

この点について，国税庁では，「市販されているソフトには前者をヴァージョン管理とするものも存在するため，市販のヴァージョン管理ソフトを使用しているからといって，すべてスキャナ保存の要件を満たしていることにはなりません。」（同上）としていますので注意が必要です。

国税庁では，ヴァージョン管理ができるシステムの要件として，「次に掲げることをすべて満たすものである必要があります」として，以下の要件を掲げています（同上）。

① スキャナで読み取った電子データは必ず初版として保存し，既に保存されているデータを改訂したもの以外は第2版以降として保存されないこと。

② 更新処理ができるのは一番新しいヴァージョンのみとすること。

③ 削除は物理的に行わず，削除フラグを立てるなど形式的に行うこととし，すべての版及び訂正した場合は訂正前の内容が確認できること。

④ 削除されたデータについても検索を行うことができること。

ポイント6

　書類をスキャンしたデータは，その書類に関連する帳簿の記録事項との間において，相互に関連性を確認できるようにしておく必要があります。

国税関係書類に係る記録事項については，当該国税関係書類に関連する国税関係帳簿の記録事項との間において，相互にその関連性を確認することができ

るようにしておくことが要件とされています（電帳規2⑥三）。（「相互関連性
の確保」要件）。具体的には，相互に関連する取引関係書類と帳簿の両方に対
して，伝票番号，取引案件番号，工事番号などを付し，その番号を指定するな
どすることで，書類又は帳簿の記録事項がいずれも確認できるようにします
（取扱通達4-27）。

　これにより，スキャナ保存により電子的に保存されたデータと，作成した帳
簿の記録事項の関連性が確認できる状態となります。

　また，帳簿との関連性がない書類についても，帳簿と関連性を持たない書類
であるということを確認することができる必要がありますのでご注意ください
（同上注意書き）。

　なお，令和5年度改正においては，この要件の適用対象を契約書や請求書，
領収書，送り状といった「重要書類」に限定することとされました。この見直
しにより，見積書や注文書などの「一般書類」をスキャナ保存する場合につい
ては，相互関連性の確保が不要となりましたのでご注意ください（令和6年1
月1日以降にスキャナ保存が行われる国税関係書類について適用されます）。

図表4-4　書類と帳簿の関連性（取扱通達4-28に基づき編集）

書類名	関連する帳簿
契約書	契約に基づいて行われた取引に関連する帳簿（売上に関連するのであれば売掛金元帳等）等
領収書	経費帳，現金出納帳等
請求書	買掛金元帳，仕入帳，経費帳等
納品書	買掛金元帳，仕入帳等
領収書控	売上帳，現金出納帳等
請求書控	売掛金元帳，売上帳，得意先元帳等

> ポイント7
>
> 　誤って入力期限を経過してしまった場合には，その他の保存要件にしたがって入力するとともに，入力対象となる書類を紙のまま保存します。

　誤って入力期間を過ぎてしまった場合には，入力期間の制限の要件を満たさないこととなりますので，元の書類は紙のまま保存することとなります（「一問一答【スキャナ保存関係】」問23）。

　入力期限に限らず，例えばカラーでスキャンすべきなのに白黒（グレースケール）でスキャンしてしまった，あるいは折れ曲がったままスキャンしてしまったなど，他のスキャナ保存の要件を満たさずに入力してしまったなどの事情がある場合には，その入力データをもって，元の書類の保存に代えることはできず，上記と同様に元の書類は紙のまま保存することとなります（電帳法4③）。

> ポイント8
>
> 　保存すべき書類が，スキャナの読み取りサイズより大きい場合には，例えば左面と右面に分けてスキャナで読み取るなどして保存します。

　スキャナの読み取りサイズより大きい書類を受領した場合には，整然とした形式かつ元書類と同程度に（分割されることなく）明瞭な状態ですみやかに出力することができるのであれば，例えば上面と下面に分けるなど複数回に分けてスキャナで読み取ることでも差し支えありません（「一問一答【スキャナ保存関係】」問8）。

　なお，出力の際に，例えばＡ3の書類をスキャナ保存するのであればＡ3が出力できるプリンタ及びＡ3の用紙を備え付けることが必要ですが，現に備え付けられているプリンタの最大出力サイズより大きい書類を受領し，スキャナ保存を行う場合には，原寸大での出力ができませんので，ポイント7記載のとおり，スキャンしたデータと元の書類の両方の保存が必要となります（同上）。

> **ポイント9**
>
> 　書面でファイルにより保管してきた，過去分の重要書類をスキャナ保存する場合には，税務署長に届出書を提出することが必要です。

　近年の電帳法改正によって，スキャナ保存の要件が大幅に緩和されました。このため，これまで書面で保管してきた取引関係書類についてスキャナ保存によって電子的に保存することとして，省スペース化を図ろうと考える場合もあろうかと思います。

　このような場合において，以前から保存してあった請求書や領収書，あるいは納品書などのいわゆる重要書類（以下「過年分重要書類」といいます）をスキャナ保存しようとする場合には，以下の要件を満たす必要があります（電帳規2⑨）。

①　あらかじめ，スキャナ保存をしようとする過年分重要書類の種類等を記載した届出書を所轄の税務署に提出すること

②　過年分重要書類に係る電磁的記録の作成及び保存に関する事務の手続きを明らかにした書類（これらの事務の責任者が定められているものに限る）の備付けを行うこと

　なお，過年分重要書類のスキャナ保存の要件は，上記のスキャナ保存に関する要件とほぼ同様ですが，入力期間制限に関する要件（書類を作成又は受領後，速やか（おおむね7営業日以内）に入力することなど）はありません。過年分の書類ですので，「作成又は受領後」相当の期間を経過しているのが通常ですので，当然といえば当然といえます。

　なお，過年分重要書類のスキャナ保存ができるのは，現にスキャナ保存を行っている納税義務者です。つまり，進行事業年度においてスキャナ保存を開始した納税義務者が，スキャナ保存を開始した日以前に授受した重要書類についてもスキャナ保存を行いたい場合に認められた制度であることに留意してください。

④　電子取引データ保存の基本ルール：6つのポイント

　電帳法における「電子取引」とは，請求書や領収書などの取引関係書類に通常記載される取引情報を電子的な方法でやりとりする取引のことをいいます。例えば，電子メールにより請求書等のPDFを受領する，ホームページ上で表示される請求書等をダウンロードして受領する，EDIシステムで取引情報をやり取りするなどの例が典型的なものです。

　2022年1月1日以降，こうした方法でやりとりした取引情報については，電帳法上の要件にしたがって電子的に保存することが義務付けられており，源泉徴収以外の所得税や法人税に係る帳簿書類の保存義務があるすべての事業者が対象となります（つまり消費税のみの納税者は除かれます）。

　例えば，サイトからダウンロードできる領収書データなど，ダウンロードしなければ，その電子データの保存義務は生じないということはありません。電帳法上は，こうした取引情報であっても，ダウンロードしたうえで電帳法上の要件にしたがって保存しなければならないこととなります（「一問一答【電子取引関係】」問40）。

　なお，令和4年度税制改正により，この義務付けには2023年12月31日までの間の宥恕措置が設けられており，かつ令和5年度税制改正によって保存要件の緩和や猶予措置が図られているものの，いずれにせよ何らかの対応は迫られますので，何もしないわけにはいきません。

　電子取引を保存するための電帳法上の要件には，「真実性確保のための要件」と「可視性確保のための要件」の2つがあるのは，スキャナ保存の場合と同様ですが，内容が少し異なります。具体的には以下のとおりです（電帳規4，同2②一イ，同項二，同⑥五）。

> ○　電子取引データ保存：真実性確保のための要件
> 　次に掲げる措置の<u>いずれか</u>を行うこと

☑ あらかじめタイムスタンプが付された取引情報を授受すること

☑ 取引情報の授受後すみやかに（7営業日以内）タイムスタンプを付すこと

☑ 電子取引情報の授受後，業務処理に係る通常の期間経過後すみやかに（最長2か月と7営業日）タイムスタンプを付すこと（「当該取引情報の授受から当該記録事項にタイムスタンプを付すまでの各事務の処理に関する規程」を定めている場合に限る）。

☑ 訂正削除不可又は訂正削除履歴の残るクラウドサービス等において取引情報を授受・保存すること

☑ 電子取引情報について，「正当な理由がない訂正及び削除の防止に関する事務処理規程」を作成し，それに従って運用すること

○ 電子取引：可視性確保のための要件
　次に掲げる措置のすべてを行うこと

☑ 保存するシステムの概要を記載した書類(※)の備付けを行うこと

　※　自社開発プログラムにより保存する場合のみ，電帳規2条②一号イに基づくシステム概要書（システム基本設計書，システム概要書，フロー図，システム変更履歴書など）を備付けます。

☑ 見読可能装置等（電子計算機，プログラム，ディスプレイ，プリンタ）及びこれらの操作説明書を備え付けること

☑ 保存したデータをディスプレイの画面及び書面に，整然とした形式及び明瞭な状態で速やかに出力できるようにしておくこと

☑ 以下の検索機能を確保すること

① 取引年月日その他の日付，取引金額，取引先を検索条件として設定できること

② 日付又は金額について，範囲指定により検索できること

③ 二つ以上の任意の記録項目を組み合わせた条件により検索できること

> ※　税務職員の質問検査権に基づくダウンロードの要請に応じる場合には，上記
> ②，③の要件は不要です。
> ※　税務職員の質問検査権に基づくダウンロードの要請に応じる場合であって，
> 以下に該当する場合には，上記①〜③のいずれの要件も不要です。
> イ　売上高が1,000万円以下（令和 6 年 1 月 1 日以降は売上高5,000万円以下）で
> ある場合
> ロ　電子取引データをプリントアウトした書面を，取引年月日その他の日付及
> び取引先ごとに整理された状態で提示・提出することができるようにしてい
> る場合（令和 6 年 1 月 1 日以降）

以下，ポイントとなる点について解説します。

> ┌─────┐
> │ ポイント1 │
> └─────┘
> 　電子取引の取引情報を電子的に保存することが義務づけられたからといって，紙に出
> 力すること自体が禁止されたわけではありません。また，保存義務に違反したからと
> いって，直ちに何らかのペナルティが課せられるわけでもありません。

　電子取引のデータ保存義務化が本格的に行われたのは，令和 3 年度税制改正
においてですが，未だに多くの人たちの間で「今後は紙に印刷して保存するこ
とができなくなった。」，あるいは「電子取引のデータ保存義務に違反したら，
青色申告取消や追徴課税などのペナルティが課せられる。」といった類いの誤
解が絶えません。「電帳法対応」と称して，誤解を与えるような，あえて誇張
した表現でマーケティングが行われているケースも残念ながら散見されます。
　真実は，電子取引のデータ保存が義務化されたからといって紙に出力するこ
とを禁じているわけではありませんし，取引情報を（電帳法の要件にしたがっ
て）電子的に保存してさえいれば，自己の管理の便宜など業務処理上の理由な
どによって，別途，紙に印刷してファイリングして保存することが禁止されて
いるわけでもありません（「一問一答【電子取引関係】」問27回答なお書き）。
電帳法はあくまで，電子取引の取引情報を電子的に保存しなければならないと
いっているだけであって，紙への出力を禁じる規定はどこにもありません。
　また，電帳法自体には，仮装・隠蔽の場合の重加算税の加重措置（電帳法 8
⑤）を除いて罰則規定はありません。もっとも，電帳法上の要件に従わずに電
子取引の取引情報を電子的に保存している，あるいは電子的に保存せずに紙に

印刷して保存しているだけである場合には，税法上，国税関係書類を保存したこととして取り扱われず，青色申告の承認取消対象とされたり，経費が否認されたりするのではないかと心配する方がいます。

　この点についても，国税庁では「これらの取扱いについては，従来と同様に，例えば，その取引が正しく記帳されて申告にも反映されており，保存すべき取引情報の内容が書面を含む電子データ以外から確認できるような場合には，それ以外の特段の事由が無いにもかかわらず，直ちに青色申告の承認が取り消されたり，金銭の支出がなかったものと判断されたりするものではありません。」（「一問一答【電子取引関係】」問66解説注意書き）としています。

　つまり，電帳法が改正されたからといって，青色申告の承認取消や経費の否認に対する当局のこれまでの姿勢が変わるわけではありませんので，冷静に対応していただくことが大切です。

> **ポイント2**
>
> 　電子取引の取引情報を保存するには，原則として，取引情報にタイムスタンプを付して保存する必要があります。タイムスタンプを付さない場合には，「正当な理由のない訂正又は削除の防止に関する事務処理規程」を作成し，それに従ってデータの保存処理を行うことになります。

　電子取引の取引情報を電子的に保存する場合，取引情報にタイムスタンプを付すか，「正当な理由のない訂正又は削除の防止に関する事務処理規程」を作成し，それに従ってデータの保存処理を行うことが求められます（電帳規4①）。

　タイムスタンプを付す場合には，

①　タイムスタンプを付して取引情報の授受を行う（同①一），

②　取引情報の授受後すみやかに（おおむね7営業日）タイムスタンプを付す（同項二イ），

③　その業務の処理に係る通常の期間を経過した後すみやかに（最長2か月とおおむね7営業日以内）タイムスタンプを付す（同項二ロ，「当該取引情報の授受から当該記録事項にタイムスタンプを付すまでの各事務の処理に関す

る規程」を作成する必要があります），

のいずれかを行うこととなります。

　タイムスタンプを付さずに保存するには「正当な理由のない訂正又は削除の防止に関する事務処理規程」を作成し，それに従ってデータの保存処理を行うことになります（同項四）。

　これは，業務処理上やむを得ない理由によって，保存した取引情報を訂正したり削除したりする際には，対象となる取引情報と訂正・削除内容及びその理由，日付等について，一定の手続きに基づいて行うことを定めるものです。ひな型は，「一問一答【電子取引関係】」問29に掲載されていますので，参考にしてみてください。

ポイント3

　タイムスタンプや事務処理規程なしに，訂正・削除不可又は訂正・削除履歴が残るシステムにより，電子取引の取引情報の保存を行おうとする場合，「保存」だけでなく，取引情報の「授受」も同一システム内で行う必要があります。

　タイムスタンプを付さずに取引情報を保存する方法として，訂正・削除不可または訂正・削除履歴が残るシステムにより行うケースが考えられます（電帳規4③）。この場合，取引情報の「保存」だけではなく，取引情報の「授受」も当該システム内で行われる必要があります（「一問一答【電子取引関係】」問39）。

　国税庁では「他者であるクラウド事業者が提供するクラウドサービスにおいて取引情報をやりとり・保存し，利用者側では訂正削除できない，又は訂正削除の履歴（ヴァージョン管理）が全て残るクラウドシステム」を具体例として挙げています（「一問一答【電子取引関係】」問35解説）。つまり他社提供のクラウドサービス内で，電子取引を行い，その情報を同サービス内で行う場合がこれに当たるというものです。具体的には，以下の電子取引がこのタイプに該当します。

①　電子請求書や電子領収書の授受に係るクラウドサービスを利用

② クレジットカードの利用明細データ，交通系 IC カードによる支払データ，スマートフォンアプリによる決済データ等を活用したクラウドサービスを利用
③ 特定の取引に係る EDI システムを利用

　ただし，上記に該当する場合であっても，クラウド上で一時的に保存されたデータをダウンロードして保存するようなシステムの場合には，メールや WEB 利用の場合と同様の点に留意する必要があります。

　なお，必ず同一システム内で「授受」と「保存」がなされなければならないのか，との点については，例えば，訂正・削除不可又は訂正・削除履歴の残るクラウドサービスで取引情報をやりとりし，その取引情報のすべてが，訂正・削除不可または訂正・削除履歴の残る他のシステムに自動連携により保存されることにより，その間にデータの改ざんの可能性がないのであれば，訂正又は削除不可等のシステムを使用して授受及び保存がなされたものをみることができます。他方でダウンロードが手動で行われる場合において，改ざんの機会があるのであれば，たとい訂正・削除不可又は訂正・削除履歴の残るシステムに保存したとしても，タイムスタンプを付すか，正当な理由のない訂正又は削除防止のための事務処理規程により，別途改ざん防止を図る必要があります。

　現在，訂正・削除不可又は訂正・削除履歴の残る形で電子取引のデータ保存を行うクラウドサービスが，さまざまなベンダーから「電帳法対応」と銘打って提供されていますが，そのクラウドサービスの中でデータのやりとりがされないものであれば，上記の改ざん防止措置を講じる必要がありますので，注意が必要です。

　ポイント4
　電子取引の取引情報のデータの保存に当たっては，取引データを改ざんしないで保存する必要がありますが，相手方とやりとりしたデータそのものに何らかの変更を加えて保存する必要がある場合には，その変更が，取引内容が変更されるおそれのない「合理的な方法により編集する」ことに当たる場合には，改ざんとは看做されません。

　電子取引を行った場合には，当該電子取引の取引情報に係る電磁的記録を保存しなければならないことが規定されています（電帳法7）が，必ずしも相手方とやり取りしたデータそのものを保存しなければならないとは解されません（「一問一答【電子取引関係】」問36，37，38）。したがって，相手方とやり取りしたデータそのものではなく，取引情報の内容が変更される恐れのない合理的な方法によって編集されたデータにより保存することとしても，取引データが改ざんされたものとは看做されません。国税庁では，以下の例を挙げています。

① 　EDI取引においてデータをXML形式でやり取りしている場合に，そのXML形式のデータを一覧表としてエクセル形式に変換して保存するケース（「一問一答【電子取引関係】」問36）

② 　EDI取引において，事前に取り決めた変換プロトコルに沿って，相手方から送付してきたコードを自社用コードに自動的に変更してデータを保存するケース（同上問37）

③ 　エクセルやワードのファイル形式で受領したデータをPDFファイルに変換して保存する，あるいはパスワードが付与されているデータについて，パスワードを解除してから保存するケース（同上問38）

　なお，上記①のケースにおいて授受したデータを手動により転記して別形式のデータを作成する場合，②のケースにおいてコード変換を手動で行う場合などは，意図せずして取引内容が変更されてしまう恐れがあるものとして，「合理的な方法によって編集されたもの」には当たらないものとされますので注意が必要です（同上問36，37）。

ポイント5

　電子取引の取引情報の保存にあたっては，検索機能を確保することが原則ですが，一定の場合には，検索機能を確保せずに保存することができます。

　電子取引の取引情報の保存にあたっては，スキャナ保存の要件と同様に，以下の要件を満たす検索機能を確保する必要があります（電帳規4①，同2⑥五

準用)。

① 取引年月日その他の日付，取引金額及び取引先を検索の条件として設定すること

② 日付又は金額に係る記録項目については，その範囲を指定して条件を設定すること

③ 二以上の任意の記録項目を組み合わせて条件を設定すること

　上記②の日付又は金額に係る記録項目については，その範囲を指定して条件を設定することができることとされています。また，上記③については，例えば，取引年月日，取引先名称及び取引金額により，二以上の記録項目を組み合わせて条件を設定することができることとされています(「一問一答【電子取引関係】」問42)。

　なお，税務職員の質問検査権に基づくダウンロードの要請に応じる場合には，上記②，③の要件は不要となります(電帳規4①柱書括弧書)。

　また，税務職員の質問検査権に基づくダウンロードの要請に応じる場合であって，以下に該当する場合には，上記①〜③のいずれの検索機能の確保要件も不要となります(電帳規4①柱書)。

　　イ　売上高が1,000万円以下(※)である場合

　　　※　令和5年度税制改正により，令和6年1月1日以降の保存に係るものについては，売上高5,000万円以下

　　ロ　電子取引データをプリントアウトした書面を，取引年月日その他の日付及び取引先ごとに整理された状態で提示・提出することができるようにしている場合(※)

　　　※　令和5年度税制改正により令和6年1月1日以降の保存に係るものについて適用

　ただし，検索機能の確保要件以外の，電帳法上の他の要件については，引き続き満たして保存する必要がありますのでご注意ください。

> ┌─────────┐
> │ ポイント6 │
> └─────────┘
> 　保存時に満たすべき要件に従って電子取引データを保存することができなかったことについて，相当の理由があると認められる場合には，電子データを単に保存しておけば足ります。

　令和5年度税制改正において，電子取引の取引情報について，その保存時に電帳法上の保存要件にしたがって電子的に保存することができなかったことについて，相当の理由があると認められる場合には，電帳法上の要件を満たさずに，電子取引の取引情報を電子的に保存しておけば足りることとされました（電帳規4③）。

　具体的には，以下の①及び②の要件のいずれも満たしている場合には，真実性確保のための要件や可視性確保のための要件を満たすことなく，単に電子取引の取引情報を電子的に保存しておくだけでよいこととなりました。

① 　保存時に満たすべき要件に従って電子取引データを保存することができなかったことについて，所轄税務署長が相当の理由（※）があると認めること（事前申請等の手続不要）

※ 　「相当の理由」の具体的内容について，国税庁は，「例えば，その電磁的記録そのものの保存は可能であるものの，保存時に満たすべき要件に従って保存するためのシステム等や社内のワークフローの整備が間に合わない等といった，自己の責めに帰さないとは言い難いような事情も含め，要件に従って電磁的記録の保存を行うための環境が整っていない事情がある場合については，この猶予措置における「相当の理由」があると認められ」る（「一問一答【電子取引関係】」問61）とする一方で，「ただし，システム等や社内のワークフローの整備が整っており，電子取引の取引情報に係る電磁的記録を保存時に満たすべき要件に従って保存できるにもかかわらず，資金繰りや人手不足等の理由がなく，そうした要件に従って電磁的記録を保存していない場合には，この猶予措置の適用は受けられないことになります」（同上）としています。

② 　税務職員からの質問検査権に基づく「電子取引データのダウンロードの求め」及び「電子取引データをプリントアウトした書面の提示・提出の求め」にそれぞれ応じることができるようにしていること

　なお，令和4年度税制改正により設けられた2年間の「宥恕措置」(※)は令和5年12月31日をもって廃止されることとなります。

※　税務署長がやむを得ない事情があると認める場合（事前申請等の手続不要）には，令和5年12月31日までの措置として，電子取引の出力書面の提示・提出の求めに応じることができるようにしておけば，電子データの保存に代えて，電子取引の取引情報を書面で保存することも認められることとされています。

[5] 「優良な電子帳簿」と過少申告加算税の軽減措置の基本ルール：7つのポイント

　上記[2]で述べた一般の「電子帳簿」の保存要件に加えて，訂正削除等の履歴が残り，かつ作成した帳簿間で相互に関連性が確認できる等，真実性を確保するための要件を充たして帳簿が作成されるなどした場合，これを「優良な電子帳簿」として所轄税務署長に届け出をすれば，過少申告加算税の軽減措置や青色申告特別控除（65万円控除）が受けられるなどの優遇措置を受けることができます。対象となる帳簿は，①所得税法又は法人税法上の青色申告者が保存しなければならないこととされる仕訳帳，総勘定元帳その他必要な帳簿（所規58①，法規54）や，②消費税法上の事業者が保存しなければならないこととされる帳簿（消法30⑦，38②，38の2②，58）とされています（電帳規5①柱書），つまり法人税法や所得税法，消費税法において保存が求められる帳簿と理解してください。

　「優良な電子帳簿」の保存要件は，次のとおりです（電帳法8④，電帳規5⑤）。

【記録事項の訂正・削除履歴等の確保】
☑　記録事項の訂正・削除を行った場合には，これらの事実及び内容を確認できる電子計算機処理システムを使用すること
☑　通常の業務処理期間を経過した後の入力を行った場合には，その事実を確認できる電子計算機処理システムを使用すること
【作成帳簿間の相互関連性の確保】

☑ 電子化した帳簿の記録事項とその帳簿に関連する他の帳簿の記録事項との間において，相互にその関連性を確認できること

【検索機能の確保】

☑ 以下の検索機能を確保すること

① 取引年月日その他の日付，取引金額，取引先を検索条件として設定できること

② 日付又は金額について，範囲指定により検索できること

③ 二つ以上の任意の記録項目を組み合わせた条件により検索できること

※ 税務職員の質問検査権に基づくダウンロードの要請に応じる場合には，上記②，③の要件は不要となります。

上記の要件のうち，大切なポイントを解説します。

ポイント１

「優良な電子帳簿」の要件を満たした会計ソフト等を使用することが必要です。「優良な電子帳簿」の要件を満たしているかどうかは，取扱説明書等で確認しましょう。

データを入力して記録した事項について，その後に訂正・削除を行った場合にその履歴が残されるか，あるいは反対仕訳による方法によってしか記録事項を訂正・削除できない（訂正・削除不可）のソフト等を使用して帳簿を作成する必要があります（取扱通達８-９。加えて，そのソフトは，業務の処理に係る通常の期間（最長２か月）を経過した後に追加入力を行った場合にはその履歴が残るものである必要があります。

そのようなソフト等であるかどうかは，取扱説明書等で優良な電子帳簿の要件を満たしていることを確認するか，あるいは，公益社団法人日本文書情報マネジメント協会（JIIMA）において「優良な電子帳簿」の認証を受けたものであるかどうかを確認していただければよろしいかと思います（「一問一答【電子計算機を使用して作成する帳簿書類関係】」問55）。

> ┌─ ポイント2 ─┐
>
> 　電子帳簿作成等のための事務手続書類で削除・訂正期間を1週間以内と定めていれば，その間の訂正・削除は履歴等を残す必要はありません。

　入力直後に入力誤りに気がついてすぐに訂正するのはよくあることです。そのようなケースにまでいちいち訂正・削除履歴を残す必要はありません。国税庁では，一般の「電子帳簿」で作成・備付を求められる「電子計算機処理，帳簿データの備付け，データの保存に関する事務手続を明らかにした書類」（電帳規2②一二に掲げる事務手続を明らかにした書類）において，以下の条件を満たした手続きが定められていれば，「便宜上，その期間について訂正又は削除の履歴を残さないシステムを使用することを認める」こととしています（取扱通達8-10（解説））。

① 　訂正又は削除を行うための期間があらかじめ内部規程等（規則2②一二に掲げる事務手続を明らかにした書類）に定められていること

② 　その期間（上記①の期間）が当該電磁的記録の記録事項を入力した日から1週間を超えないこと

> ┌─ ポイント3 ─┐
>
> 　「優良な電子帳簿」の記録事項については，これに関連する帳簿（電子帳簿の場合も含みます）の記録事項との間で相互にその関連性を確認できるようにしておく必要があります。

　「相互にその関連性を確認できる」とは，「優良な電子帳簿」において記載された事項が他の帳簿等のどの記録事項に反映されているのか関連付けが行われており，それを確認できる状態を指します。例えば，JIIMA認証の会計ソフトを使用して「優良な電子帳簿」の要件にしたがって「仕訳帳と総勘定元帳」を作成している場合，この2つを関連付けることができるのは当然としても，それ以外の他の帳簿を別のシステムなどで作成している場合などには，その他の帳簿と仕訳帳や総勘定元帳との間で関連付けをする必要があります。

　なお，具体的な関連付けの方法として，以下の例が示されています（取扱通

達8-12（解説））。

① 作成した帳簿の個々の記録事項が他の帳簿に個別に転記される場合に，一連番号等の情報を双方の国税関係帳簿に係る記録事項として記録して関連づける方法

② 一方の帳簿の個々の記録事項の集計結果を他の帳簿の記録事項として転記する場合に，他の帳簿の摘要欄等に集計対象項目（勘定科目又は部門等）及び集計範囲（○月○日〜○月○日）を記録して関連づける方法

> ポイント4
>
> 　あらかじめ届出書を提出して「優良な電子帳簿」のルールで電子帳簿を保存すれば，5％の過少申告加算税の軽減措置を受けることができます。

　「優良な電子帳簿」の保存ルールにしたがって帳簿のデータの備付け及び保存を行う場合において，「優良な電子帳簿」に記録された事項に関して修正申告等があったときには，過少申告加算税を5％軽減する措置を受けることができます（電帳法8④）。この軽減措置を受けるためには，申告期限までに過少申告加算税の軽減措置の適用を受ける旨の届出書を所轄税務署長へ提出する必要があります（電帳規5①）。届出書の様式は，**図表4-5**をご覧ください。

　なお，過少申告加算税の軽減措置が受けられるのは，帳簿の保存義務があるものに起因する誤りに限られる点にご注意ください（電帳法8④）。例えば所得税について，帳簿の保存義務がない一時所得や配当所得といった所得に係る過少申告や，所得税の所得控除（保険料控除，扶養控除等）の適用誤りに起因する過少申告については，この軽減措置の適用はありません。他方で，法人税や消費税等の場合は，当該基礎となるべき税額のすべてについて軽減措置の適用対象となります（「一問一答【電子計算機を使用して作成する帳簿書類関係】」問38）。

　逆に，帳簿の保存義務がない一時所得や配当所得といった所得において仮装・隠蔽があった場合には，せっかく「優良な電子帳簿」に基づいて事業所得を計算していても，過少申告加算税の軽減措置は適用されませんので，この点，

図表4-5　過少申告加算税の経過措置を受けるための届出書様式

国税関係帳簿の電磁的記録等による保存等に係る過少申告加算税の特例の適用を受ける旨の届出書（優良）

税務署受付印		※整理番号	

	（フリガナ）	
	住所又は居所	
令和　年　月　日	（法人の場合） 本店又は主たる事務所の所在地	（電話番号　　－　　－　　　）
	（フリガナ）	
	名称（屋号）	
税務署長殿	法人番号	｜　｜　｜　｜　｜　｜　｜　｜　｜　｜　｜　｜　｜
（所轄外税務署長）	（フリガナ）	
	氏　　　名	
税務署長殿	（法人の場合） 代表者氏名	
（規則第5条第4項において準用する規則第2条第10 項の規定を適用して提出する理由）	（フリガナ）	
	（法人の場合） 代表者住所	（電話番号　　－　　－　　　）

法第8条第4項の規定の適用を受けたいので、規則第5条第1項の規定により届け出ます。

1　特例の適用を受けようとする国税関係帳簿の種類並びに備付け及び保存に代える日
　（次に表示されている帳簿のほか、作成している場合にはその他の補助帳簿について記載する。）

帳　簿　の　種　類		備付け及び保存に	帳　簿　の　種　類		備付け及び保存に
根拠税法	名　称　等	代　え　る　日	根拠税法	名　称　等	代　え　る　日
□ 所得税法 □ 法人税法 □ 消費税法	総勘定元帳	年　月　日	□ 所得税法 □ 法人税法 □ 消費税法		年　月　日
□ 所得税法 □ 法人税法	仕訳帳	年　月　日	□ 所得税法 □ 法人税法		年　月　日
□ 所得税法 □ 法人税法		年　月　日	□ 所得税法 □ 法人税法		年　月　日
□ 所得税法 □ 法人税法		年　月　日	□ 所得税法 □ 法人税法		年　月　日

2　その他参考となるべき事項

（1）　特例の適用を受けようとする国税関係帳簿の作成・保存に使用するプログラム（ソフトウェア）の概要

□市販のソフトウェアのうちJIIMAの認証を受けているもの

　　　　　（メーカー名：　　　　　　　　　　商品名：　　　　　　　　　　　　）

□市販のソフトウェア（メーカー名：　　　　　　　　商品名：　　　　　　　　　　　）

□自己開発（委託開発の場合は、委託先：　　　　　　　　　　　　　　　　　　　　　）

（2）　その他参考となる事項

税　理　士　署　名	

※ 処理欄	※ 税務署	通信日付印	確認	入力年月日	入力担当者	番号確認	（摘要）
		年　月　日		年　月　日			

注意が必要です（電帳法8④但書）。

　なお，過少申告加算税の軽減措置の他，所得税において，仕訳帳及び総勘定元帳について「優良な電子帳簿」の要件を満たして電子データによる備付け及び保存を行い，申告期限までに65万円の青色申告特別控除の適用を受ける旨の届出書を所轄税務署長に提出することにより，65万分の所得控除を受けることができます。

　優良な電子帳簿の要件を満たしているかどうかは，国税庁からチェックシートが公表されています。**図表4-6**をご覧ください。

> ポイント5
>
> 　過少申告加算税の軽減措置の適用を受けようとする場合には，青色申告法人が保存し<u>なければならないこととされる各帳簿について</u>「優良な電子帳簿」の保存ルールにしたがって保存される必要があります。

　過少申告加算税の軽減措置の適用を受けようとする場合，所得税法上の青色申告者又は法人税法上の青色申告法人が保存しなければならないこととされる帳簿すべてについて，具体的には，「例えば，売上帳，経費帳，固定資産台帳，売掛帳，買掛帳等の帳簿を作成している場合には，各帳簿について規則第5条第5項の要件に従って保存する必要があ」るものとされます（「一問一答【電子計算機を使用して作成する帳簿書類関係】」問39）。

　つまり，これらの帳簿を作成しているのであれば，その各帳簿について「優良な電子帳簿」の要件にしたがって保存することが求められることになりますので注意が必要です。

　なお，令和5年度税制改正において，「優良な電子帳簿」に係る過少申告加算税の軽減措置の対象帳簿（所得税・法人税）の範囲について，申告（課税所得）に直接結びつきやすい経理誤り全体を是正しやすくするかどうかといった観点から，以下の合理化・明確化が行われました。

① 損益計算書に記載する科目については，課税標準や税額の計算に直接影響を及ぼすことを踏まえ，その科目に関する補助帳簿のすべて

図表4-6　国税庁「優良な電子帳簿の要件チェックシート」

〜優良な電子帳簿の要件チェックシート〜

※法8条第4項の優良な電子帳簿に係る過少申告加算税の軽減措置の適用を受けようとする場合には以下の（1）〜（6）の全てにチェックが付される必要があります。

□ 課税期間の初日から、電子帳簿により備え付けている。 □ 最初の記録段階から一貫して電磁的記録（明細データ）により作成・保存している。 □ 青色申告者が保存すべき全ての帳簿（買掛帳や売掛帳等を含む）について、次の要件を満たして作成・保存している。

（1）システム関係書類及び事務手続関係書類の備付けに関する措置（規則第2条第2項第1号関係）

次の区分に応じて、①〜④の書類を備え付ける。※電子計算機処理を他の者に委託する場合は③を除く。
- □ 自己が開発したプログラムを使用する場合（委託開発したプログラムを含む）…①、②、③、④
- □ 上記以外のプログラム（市販のプログラム）を使用する場合………………③、④
- ① システムの概要を記載した書類
- ② システムの開発に際して作成した書類
- ③ システムの操作説明書
- ④ 電子計算機処理に関する事務手続を明らかにした書類（電子計算機処理を他の者に委託する場合にはその委託に係る契約書等）並びに電磁的記録の備付け及び保存に関する事務手続を明らかにした書類

（2）ディスプレイ及びプリンタの備付け並びに出力に関する措置（規則第2条第2項第2号関係）

- □ 電磁的記録の備付け及び保存をする場所に出力のための電子計算機、プログラム、ディスプレイ及びプリンタ並びにこれらの操作説明書を備え付けて、電磁的記録をディスプレイの画面及び書面に、整然とした形式及び明瞭な状態で出力することができる。
- □ 上記以外の方法による。
  [　　　　　　　　　　　　　　　　　　　　　　　　　　　　　　　　　　　　]

（3）訂正又は削除の事実及び内容の確認に関する措置（規則第5条第5項第1号イ(1)関係）

- □ データを直接に訂正し又は削除することができるが、その事実及び内容が自動的に記録されるシステムを使用する。
- □ データを直接に訂正し又は削除することができないシステムを使用し、訂正又は削除は、いわゆる反対仕訳（当初データの特定に必要な情報を付加）を入力することにより行う。
- □ 上記以外の方法による。
  [　　　　　　　　　　　　　　　　　　　　　　　　　　　　　　　　　　　　]

※　該当する場合のみ記載してください。
- □ ただし、入力日から〔　　　　〕日間に限っては、訂正又は削除の事実及び内容を残さない（内部規程等でこの旨を定める）。

（4）追加入力した事実の確認に関する措置（規則第5条第5項第1号イ(2)関係）

- □ 入力データに入力年月日の情報を自動的に付加する（付加した情報を訂正し又は削除することができない）システムを使用する。
- □ 入力データに個々のデータを特定することができる情報〔□一連番号、□伝票番号、□その他（　　　　　　　　　）〕を自動的に付加する（付加した情報を訂正し又は削除することができない）システムを使用する。
- □ 上記以外の方法による。
  [　　　　　　　　　　　　　　　　　　　　　　　　　　　　　　　　　　　　]

（5）国税関係帳簿間の記録事項の関連性の確認に関する措置（規則第5条第5項第1号ロ関係）

- □ 〔□一連番号、□伝票番号、□その他（　　　　　　　　　）〕により国税関係帳簿間の関連性を確認することができる。
- □ 上記以外の方法による。
  [　　　　　　　　　　　　　　　　　　　　　　　　　　　　　　　　　　　　]

（6）検索機能の確保の要件（規則第5条第5項第1号ハ関係）

- □ ①取引年月日、取引金額及び取引先を検索の条件として設定することができる。
- □ ②日付又は金額に係る記録項目は、その範囲を指定して条件を設定することができる。
- □ ③二以上の任意の記録項目を組み合わせて条件を設定することができる。
- □ ダウンロードの求めに応じることができるようにしている。（左記の場合には、上記②③の要件は不要）

② 　貸借対照表に記載する科目については，損益計算書に記載する科目との関連性が強く，その科目の変動について把握する必要性が高い科目に関する補助帳簿のみに限定

　具体的な例は，**図表 4 - 7** のとおりとなりますが，これらの帳簿を作成している場合には，その作成したすべての帳簿について，「優良な電子帳簿」の要件を満たす必要があるということになります。

図表 4 - 7　優良な電子帳簿に係る過少申告加算税の軽減措置の対象となる電子帳簿の範囲

	記載事項	帳簿の具体例
イ	売上げ（加工その他の役務の給付その他売上げと同様の性質を有するもの等を含む。）その他収入に関する事項	売上帳
ロ	仕入れその他経費又は費用（法人税は，賃金・給料・法定福利費・厚生を除く。）に関する事項	仕入帳，経費帳，賃金台帳（所得税のみ）
ハ	売掛金（未収加工料その他売掛金と同様の性質を有するものを含む。）に関する事項	売掛帳
ニ	買掛金（未払加工料その他買掛金と同様の性質を有するものを含む。）に関する事項	買掛帳
ホ	手形（融通手形を除く。）上の債権債務に関する事項	受取手形記入帳，支払手形記入帳
ヘ	その他債権債務に関する事項（当座預金を除く。）	貸付帳，借入帳，未決済項目に係る帳簿
ト	有価証券（商品であるものを除く。）に関する事項（法人税のみ）	有価証券受払い簿（法人税のみ）
チ	減価償却資産に関する事項	固定資産台帳
リ	繰延資産に関する事項	繰延資産台帳

（出典）　国税庁パンフレット「電子帳簿保存法の内容が改正されました〜令和 5 年度税制改正による電子帳簿等保存制度の見直しの概要〜」抜粋

> ポイント6
>
> 　所得税の納税者が「優良な電子帳簿」の要件にしたがって仕訳帳および総勘定元帳を作成している場合には，税務署長へ届出書を提出することによって，65万円の青色申告特別控除の適用を受けることができます。

　事業所得又は不動産所得を申告している方が，①その所得計算に際して正規の簿記の原則（一般には複式簿記）により記帳しており，②その記帳に基づいて作成した貸借対照表及び損益計算書を確定申告書に添付して青色申告控除の適用を受ける金額を記載して申告期限までに確定申告書を提出した場合には，55万円の所得控除（青色申告特別控除）が受けられます（措法25の2③）。

　これに加えて，仕訳帳及び総勘定元帳について「優良な電子帳簿」の要件を満たして電子データによる備付け及び保存を行い，「国税関係帳簿の電磁的記録等による保存等に係る65万円の青色申告特別控除・過少申告加算税の特例の適用を受ける旨の届出書」を所轄税務署長に提出することにより，65万円の所得控除を受けることができます(※)（同④）。

※　55万円の所得控除のための3つの要件に加えて，確定申告書，貸借対照表および損益計算書等を e-Tax を使用して期限までに提出することによっても，65万円の所得控除を受けることができます。

> ポイント7
>
> 　システムの変更があった場合には，変更後においても「優良な電子帳簿」の保存ルールに従ってデータの保存する必要があります。

　帳簿をシステムで作成している場合にシステムの変更があった場合には，システム変更前に保存していたデータについては，「一般電子帳簿」の場合ですと，データで保存するのが困難ならば，書面に出力して保存すればよいものとして取り扱っています（取扱通達4-36）。

　他方で，「優良な電子帳簿」の場合には，変更前のシステムにより作成された電子帳簿については，「原則としてシステム変更後においても，（中略）第5条第5項（優良な電子帳簿に関する保存要件）に規定する要件に従って保存等

をしなければならない」こととされています（取扱通達4-36及び8-21（4-36再掲））。そして、「法第8条第4項（過少申告加算税の軽減措置）の規定の適用を受けようとする保存義務者の特例国税関係帳簿の保存等に係るシステム変更については、書面に出力し保存する取扱いによることはできないのであるから留意する。」（同上）としており、システム変更前のデータについて書面で保存してしまった場合、いくら届出書を提出していたからといっても過少申告加算税の軽減措置を受けられないことになりますので注意が必要です。くれぐれも「一般電子帳簿」の取扱いと混同しないように注意してください。

6 スキャナ保存及び電子取引のデータ保存における重加算税の加重措置のポイント

スキャナ保存や電子取引のデータ保存について、その適正な保存を担保するための措置として、スキャナ保存が行われた取引関係書類に係るデータや、電子取引の取引情報に係るデータに関して、仮装又は隠蔽の事実があった場合には、その事実に関して生じた申告漏れ等に課される重加算税が10%加重されることとなります（電帳法8⑤）。

図表4-8　態様別の重加算税の税率（令和5年6月現在）

重加算税の区分	期限後申告等があった日前5年以内に同じ税目に対して重加算税を課されたことの有無	
	なし	あり
過少申告加算税に代えて課されるもの等	35%	45%
無申告加算税に代えて課されるもの	40%	50%

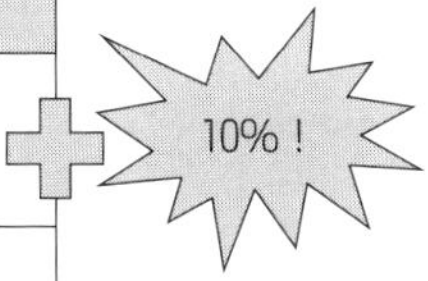

10%！

（出典）国税通則法68条各項に基づき作表

電子的に保存されたデータを直接的に改ざんしたり削除したりする場合だけ

でなく，書類の作成・受領といった紙段階での不正行為に基づくものであって
も，その書類がスキャナ保存された電子的なデータとなっているのであれば，
この措置が適用されることとなる点に注意が必要です（取扱通達8-22（解説））。
また，相手方と通謀し，他者に架空の請求書等を作成させ，その請求書等につ
いて受領者側でスキャナ保存を行う場合や架空の電子取引情報をやりとりする
場合についても，本措置が適用されます（同上）。

　なお，本措置については，スキャナ保存による電磁的記録に関する不正行為
に基づく重加算税についてはすべての税目が，電子取引の取引情報に係る電磁
的記録に関する不正行為に基づく重加算税については申告所得税及び法人税が
それぞれ対象となります（同上）[※]。

※　消費税法令において保存することとされている電子データに関連して改ざん等
　の不正が把握された場合であっても，本措置と同様に，重加算税が10％加重され
　る措置が設けられていますのでご注意ください（消法59の2）。

第5章

電子帳簿保存法対応の
ポイント

1 電子取引のデータ保存

(1) 取引タイプ別の留意点

電子取引については，すべての取引情報について，電帳法の要件に従った保存が求められます。第4章4の冒頭に記載したとおり，電子取引の典型的な例にはPDFで送られてきた請求書をダウンロードする，Webサイトから請求書データをダウンロードする，あるいは，EDIシステムで取引情報をやり取りするなどの例が典型的なものです。これらの取引データは，それが電子取引である限り，受領側だけでなく発行側についても，電帳法の保存要件に従った形でデータ保存が求められます。次頁以下の**図表5-1～5-3**は，さまざまな電子取引のタイプのデータ保存イメージの例です。

※　ここでの真実性確保のための要件は，タイムスタンプを付す場合を想定しています。

【メールによるやり取りの場合】

電子取引の手段がメールの場合，多くのケースではPDFやExcel形式の請求書や見積書を添付ファイルに添付して相手方に送付し，これを受信した相手

方は，添付されたファイルを保存先のサーバ内のフォルダやクラウドサービスなどに保存されることとなります。場合によっては，取引情報がメール本文に記載されているケースもありますが，これについても，電子取引となりますので，そのような場合には，添付ファイルと同様に保存する必要があります。

　保存対象となるデータは，取引年月日や取引先，取引金額といった項目で検索できる状態で保存することが必要です。添付ファイルが添付された電子メールをメールソフト上で閲覧できるだけでは十分ではありませんので注意してください。

　また，メールの添付ファイルを「訂正・削除不可又は訂正・削除履歴が残るシステム」に保存することによって，タイムスタンプや事務処理規程による改ざん防止措置が不要になるとの誤解も多いのですが，国税庁では，「一般的に受領者側におけるデータの訂正削除が可能と考えますので，受領したデータに規則第4条第1項第1号のタイムスタンプの付与が行われていない場合には，受領者側でタイムスタンプを付与すること又は同項第4号に定める事務処理規

図表5-1　電子取引（メール）の保存イメージ

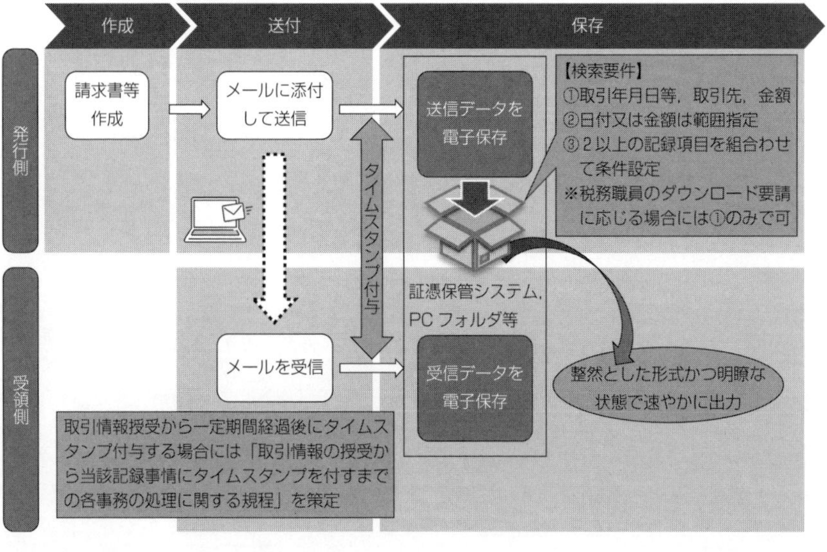

程に基づき，適切にデータを管理することが必要です。」（「一問一答【電子取引関係】」問４回答イ）としています。ぜひ注意してください。

【Web を利用したやり取りの場合】

インターネットのホームページから請求書や領収書等のデータ（PDF ファイル等）をダウンロードしたり，ホームページ上に表示される請求書や領収書等のスクリーンショットを利用したりする場合が，これにあたります。このケースについても，データをダウンロードしたりスクリーンショットを利用したりする過程で，受領者側においてデータの訂正削除の可能性があります。このことから，上記のメールによるやりとりの場合と同様に，タイムスタンプや事務処理規程の作成による改ざん防止措置を施すとともに，検索機能を確保して保存することが求められます。

他方で，電子請求書や電子領収書の授受に係るクラウドサービスを利用する場合などにおいて，それが訂正削除の履歴が残る，あるいは訂正削除ができな

図表 5 - 2　電子取引（Web サイトを利用）の保存イメージ

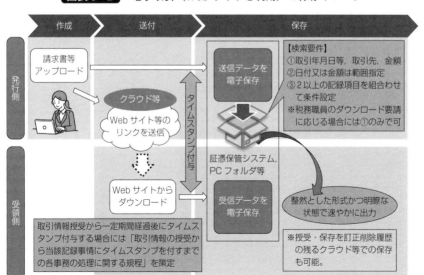

いのであれば，そのデータをそのクラウドサービス上で保存していれば，上記
の改ざん防止措置は不要となります。ただし，クラウド上で一時的に保存され
たデータをダウンロードして保存するようなシステムの場合には，メールや上
記の Web 利用の場合と同様の点に留意する必要があります（「一問一答【電
子取引関係】」問4回答ロ）。

【EDI 取引を利用する場合】

　EDI 取引とは，異なる企業間において通信回線を使い，標準的な規約を用
いて，コンピュータ間で商取引のためのデータを交換することをいいます。一
般に EDI 取引において扱う取引データは，見積書，注文書，納品書及び支払
通知書等の書類に相当するメッセージごとにやりとりされるデータ項目（注文
番号，注文年月日，注文総額，品名，数量，単価及び金額等）となります。

　EDI 取引においては，しばしばデータを暗号化してやりとりされますが，電
帳法上は暗号化されたデータではなく，送信する場合には送信前のものを，受
信する場合にはトランスレータと呼ばれる汎用ソフトウェアによって各企業の
システムに適合する固有のフォーマットのデータに変換したものを保存するの
が原則です。ただし，この点について国税庁では，情報セキュリティの観点か
らデータを暗号化して保存することも一般的になっていることを踏まえて「税
務調査等の際に，確認が必要なデータを暗号化前の状態で速やかに確認するこ
とができることとなっている場合には，暗号化後のデータを保存することとし
て差し支えない。」（取扱通達7-1解説(1)）として，柔軟な取扱いをしています。

　また，個別の見積りや発注ごとに送受信せずに，例えば単価データなど，あ
らかじめ合意した内容のデータを最初にまとめて送受信し，双方でデータ変換
をするときにこれをマスター情報として利用している場合には，取引情報に係
る電磁的記録はマスター情報により補完された状態でディスプレイ等の画面及
び書面に出力されることを要します（同上(3)）。

　なお，編集されたデータの取扱いについて，国税庁では，それが「合理的な
方法により編集（取引内容を変更することを除く。）をしたものを保存するこ

図表5-3　電子取引（EDI 取引）の保存イメージ

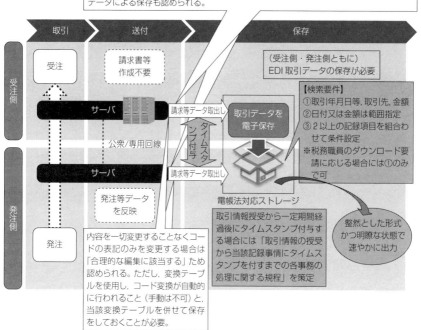

データを XML 形式でやり取りしている場合であって，当該 XML 形式のデータを一覧表としてエクセル形式に変換して保存するときは，その過程において取引内容が変更されていない限りは，合理的な方法により編集したものと考えられるため，当該エクセル形式のデータによる保存も認められる。

取引　送付　保存

受注側

受注　請求書等作成不要

サーバ　請求等データ取出し

公衆/専用回線　タイムスタンプ付与

サーバ　請求等データ取出し

発注側

発注等データを反映

発注　内容を一切変更することなくコードの表記のみを変更する場合は「合理的な編集に該当する」ため認められる。ただし，変換テーブルを使用し，コード変換が自動的に行われること（手動は不可）と，当該変換テーブルを併せて保存をしておくことが必要。

取引データを電子保存

（受注側・発注側ともに）EDI 取引データの保存が必要

【検索要件】
①取引年月日等，取引先，金額
②日付又は金額は範囲指定
③2以上の記録項目を組合わせて条件設定
※税務職員のダウンロード要請に応じる場合には①のみで可

電帳法対応ストレージ

取引情報授受から一定期間経過後にタイムスタンプ付与する場合には「取引情報の授受から当該記録事情にタイムスタンプを付すまでの各事務の処理に関する規程」を策定

整然とした形式かつ明瞭な状態で速やかに出力

ととしている場合には，これも認められる。」（同上(4)）としつつ，「業務システムのデータを編集して送信している場合にその編集前の業務システムのデータを保存する方法又は受信後の業務システムに引き継がれた後のデータを編集して保存する方法は，相手方と送受信したデータとはいえないことから認められない。」（同上）としています。つまり，業務システムのデータを編集して送信する場合には編集後のものを，受信する場合には編集前のものを保存することを原則としていますので，注意してください。

【クレジットカードの利用明細】

クレジットカードの利用明細をデータで授受した場合には電子取引に該当し

ますので，そのデータは電子的に保存する必要があります。ここで誤解しやすいのは，クレジットカードを利用した取引の場合，利用明細データだけを保存しておけば足りるわけではない，ということです。つまり，支払いはクレジットカードで行っていても，その利用明細データに含まれている個々の取引についても，請求書や領収書などのデータを電子的に授受している場合には，それらも電子取引に該当しますので，クレジットカードの利用明細データ等とは別に，電帳法の要件に従った形でのデータ保存が必要となりますので注意してください。

(2)　電子取引データ保存対応：5つのポイント

　上記(1)の各図表をご覧いただければわかるとおり，電子取引のやりとりには，さまざまなパターンがあり，また請求書や領収書といった書類を扱う経理部門だけでなく，見積書や納品書，あるいは注文書といった取引関係書類を発行したり受領したりする，営業部門や購買部門なども関係してきます。また，取引関係書類の発行又は受領の処理を自社のシステム上で行っている会社においては，IT部門の参加も欠かせません。こうしたことから，電帳法の観点から，電子取引を適正に保存するためには，全社的に取り組む必要があります。電子取引のデータを適切に保存するために重要なポイントは，以下の5点になります。

> ポイント1
> 保存方法を考える前提として，まずは社内取引の棚卸しをしましょう。

　電子取引については，すべての取引情報について電帳法の要件にしたがって電子的に保存する必要があります（電帳法7）。このため，社内でどのような電子取引があるのか，棚卸しをした上で，電子取引をどのように保存するかを決める必要があります。

　具体的な棚卸しの方法ですが，多くの場合，①書類名（取引情報名），②交付/受領の区分，③交付/受領形態，④具体的送受方法，⑤誰が保存しているか，

⑥いつ保存しているか，⑦どこに保存しているか，⑧一括保存か都度保存かの8項目を，表にして調べることとなります。

　小規模の会社であれば，例えば，以下のような調査表に項目を埋めていけば，比較的簡単に棚卸しは済みます。

図表5-4　調査票の具体的なイメージ

分類		①書類名	②交付/受領	③交付/受領形態	④具体的送受方法	⑤誰が保存？	⑥いつ保存？	⑦どこに保存？	⑧一括保存/都度保存
業務	売上	請求書	交付	Gmail	MF 請求書にて作成。出力書面を PDF 化し，メールに添付して交付	営業事務担当者（作成者）	作成の都度	MF 請求書	すみやかに保存
		～	～	～	～	～	～	～	～
	仕入	請求書	受領	Gmail	メールに添付された請求書 PDF を受領	資材部担当者（受領者）	受領の都度	invox	すみやかに保存
		～	～	～	～	～	～	～	～
経費	購買	請求書	受領	ウェブ請求情報	ダウンロード	経理部担当者	毎月分を翌月までに	invox	一括保存（月一回）
	交通費等立替								

　これらの項目を，売上，仕入，経費の3つのカテゴリーに分けて，記入していきます。①は「書類名」，②は「交付/受領」の区分を，③「交付/受領形態」は，例えば電子メール，Web 請求書情報，クレジットカード明細等のやり取りの方法を記入します。④「具体的送受方法」は，メールの場合ならば，例えば「メールに添付された PDF データを受領」，クラウド利用ならば，利用している電子契約や請求書等保存ソフト等の具体的名称を，Web サイトから請求情報をダウンロードしているのならその旨を記入します。⑤，⑥，⑦は，誰が，いつ，どこに保存するのかを具体的に記入します。そして⑧「一括保存/都度保存」の欄は，例えば都度すみやかに保存しているのか，月1回一括で保

存しているのか，などの区分を記入します。

　会社の規模が大きく，取引の種類も数も多い場合には，上記の要素を組み入れた調査票を作成して全社的に取引書類の洗い出しをすることとなります。

┌─ ポイント2 ─────────────────────────────────────
│　電子取引のデータの保存方法には，①請求書等保存ソフトを使って保存する方法と，
│②任意のフォルダに格納する方法の2つがあります。
└──

　電子取引のデータの保存方法には，①請求書等保存ソフトを使って保存する方法と，②任意のフォルダに格納する方法の2つがあります。

　①の請求書等保存ソフトを使って保存する方法は，入力が簡単で，誤りも少なくて済みますが，ソフトの導入や利用料金が発生します。他方で，②の任意のフォルダに格納する方法は，料金は発生しませんが，手間暇がかかりますし，入力誤りも相対的に多くなる傾向があります。

　電子取引数が比較的少ない，あるいは保存に従事する担当者が少人数ですむなどの会社で，費用をかけたくない方向きには②を，そうでなければ，①を選択することをお勧めします。もっとも，取引数が多い会社の場合，すべての取引を請求書保存システムや自社システムでカバーできないことも多いので，そのようなときには，部分的にフォルダ格納を取り入れることも検討する必要があります。

　①，②のそれぞれの方法のいずれにもメリット・デメリットがありますが（**図表5-5**参照），適格請求書等の処理に手間がかかるインボイス制度への対応を視野に入れた場合，個人事業主やごく小規模な会社でもない限り，①の「請求書等保存ソフトを使用」する方法をお勧めします。

　改正電帳法施行直前に，駆け込み的にとりあえず②の方法を採った会社も多くありましたが，取引数が多い場合，手入力でフォルダ保存というのは，なかなか定着させるのが難しいようです。フォルダ格納が担当者任せになってしまい，2年の宥恕期間中に，結局はシステム導入を念頭に再検討せざるをえなくなったケースが多く見られました。

図表5-5　請求書等保存ソフトを使用する方式と任意のフォルダに格納する方式のメリット・デメリット

保存方法	①　請求書等保存ソフトを使用	②　任意のフォルダに格納
メリット	〇入力が迅速・容易かつ正確	〇費用がかからない。
デメリット	〇導入費・利用料等がかかる。	〇入力・保存に手間。 〇項目の入力漏れ等の可能性。
対　象	〇保存担当者一人当たりの電子取引数が多い 〇電子取引に携わる者が組織を超えて多岐にわたる などの企業向け	〇電子取引数が少ない 〇データ保存に関与する担当者を限定できる などの企業向け

> **ポイント3**
> 　請求書等保存ソフトには、大きく分けて①会計ソフトのオプションタイプ、②文書検索タイプ、③フォルダ管理タイプ、④自動処理タイプの4つがある。

　電子取引のデータについて、請求書等保存ソフトなどを使って保存する方法を選択した場合は、請求書等保存ソフトを導入し、操作要領にしたがって、電子取引データを入力していくこととなります。

　それにしても、どのようなソフトを選べばいいのか、悩ましいところです。自社にとって何が使いやすいかどうかは、現在使用している会計ソフトやワークフローシステムの操作性に関する慣れや相性などによって異なってくるでしょう。コスト面や従業員のITリテラシーなども考慮のファクターに入ってきますので、必ずしも単純なものではありません。

　いずれにしても、電帳法対応のための請求書等保存ソフトには、大きく分けて①会計ソフトのオプションタイプ、②文書検索タイプ、③フォルダ管理タイプ、④自動処理タイプの4つがあることを知ったうえで、具体的なソフト選定を検討する必要があります。

　①は、会計ソフトのオプションとして、専用のデータ登録画面でPDFデー

タ等を保存するもので，価格も抑えめです。経理部門ですべてデータを保存するような運用を想定している場合に利用しやすくなっています。他方で，対応できるファイルの種類がPDFだけだったり，スキャナ保存に対応していなかったり，機能面でややもの足りない場合があります。

②は，PDFファイル等を登録する専用画面を利用して保存するもので，会計伝票のようなイメージで比較的容易にデータ入力できます。また，APIが準備されているシステムが多く，開発によりシステム間連携が可能なことに加えて，クラウドとオンプレミスの両方があるなどシステムの柔軟性があります。他方で，このような柔軟性のために最初に設計作業等が必要で，初期費用も含めてコストは高めになります。

③は，フォルダを作成して，そこにPDFデータ等を保存するものです。ビジュアル的にパソコンやファイルサーバーのフォルダのイメージに近く，保存するデータフォルダを直感的に把握できるものです。費用も低めですが，年度ごとや取引先ごとなど，細かく管理しようとすると，アクセス権の設定やフォルダ作成の手間等が発生してしまう，あるいは，①の場合と同じく機能面でややもの足りない傾向があります。

④は，電子請求書サービス，経費精算システムやワークフロー，又は請求書OCR処理等による，業務効率を重視したクラウドサービスが該当します。ベンチャー企業から中堅企業まで幅広く利用可能ですが，従業員に一定のITリテラシーが必要であることに加えて，電子化可能な範囲が経費精算や請求書処理といった特定業務に限られるため，部分的な電子化対応になりがちです。コスト的には月額1,000円程度から数十万円程度まで幅があります。

以上をまとめると**図表5-6**となります。それぞれのタイプに一長一短があり，一概にこれが良いと決めつけられませんが，ベンダーや，場合によっては会計分野に強いITコンサルタントに相談するなどして，機能面，操作性，価格面などを総合的に検討して決めていくとよいでしょう。

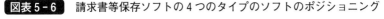

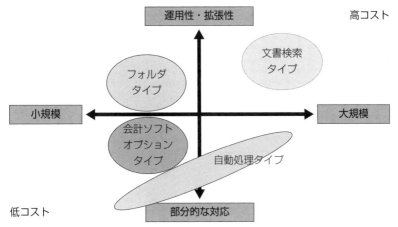

図表 5 - 6　請求書等保存ソフトの 4 つのタイプのソフトのポジショニング

運用性・拡張性　　　　　　　　　　　　　高コスト

文書検索
タイプ

フォルダ
タイプ

小規模　　　　　　　　　　　　　　　　大規模

会計ソフト
オプション
タイプ

自動処理タイプ

低コスト　　　　　　　部分的な対応

ポイント 4

　電子取引のデータを任意のフォルダに格納する方法には，①電子取引のファイル名を
付けて管理する方法と，②ファイル名に連番を付けたうえで索引簿で管理する方法の 2
つがあります。

　電子取引のデータについて，請求書等保存ソフトを使用せず，任意のフォル
ダに格納する方法を選択した場合には，2 つのやり方があります。第一は，電
子取引のファイル名を付けて管理する」方法，第二は，「ファイル名に連番を
付けたうえで，索引簿で管理する」方法です。

　前者は，①ファイル名に規則性をもって内容を表示し，②「取引先名」や「各
月」など任意のフォルダに格納し保存します。ファイル名には，例えば電子取
引の検索要件に合わせて，「取引年月日，取引先名，取引金額」の 3 つの要素
を織り込むなどするとよいでしょう。例えば，2023 年 3 月 8 日に中央商事株式
会社から金額300,000円の請求書を受け取ったとすると，ファイル名は
「20230308_中央商事㈱_300,000」となります。また，フォルダ名は，請求書，
領収書，納品書など，保存すべき取引情報の種類ごとにフォルダの階層分けを

すると，より検索しやすくなります。イメージは，**図表5−7**をご覧ください。

図表5−7　取引先名や各月など任意のフォルダに格納し保存するやり方（イメージ）

例1）取引の相手先別

例2）各月別

　後者は，①ファイル名を1，2，3…と連番にしたうえで，②上の図と同様にフォルダに格納・保存し，③内容については，索引簿に「取引年月日，取引先名，取引金額」をファイル名の連番にしたがって記入することにより検索要件を満たすやり方です。索引簿のイメージは**図表5−8**です。

図表5−8　索引簿のイメージ

連番	日付	金額	取引先	備　考
1	20230531	220,000	中央商事㈱	請求書
2	20230630	100,000	㈱中央産業	納品書
3	20230808	300,000	中央物産㈱	領収書
・・	・・・・・	・・・・・	・・・・・・・	・・・・

（注）　備考欄に書類名を記入する場合には，フォルダ格納の際に書類名ごとのフォルダ階層は不要です。

ポイント5

　保存方法が決定したら，それに応じた社内規程を作成しましょう。

　電子取引のデータを保存する方法を決定（請求書等保存ソフトで保存するか，任意のフォルダで保存するか）したら，次は，それぞれの保存方法に応じた事務処理規程を作成することとなります。

【請求書等保存ソフトで保存する場合】

　請求書等保存ソフトを使用する場合には，例えば経理部が取引情報を取りまとめて一括してタイムスタンプを付すなど，取引情報の授受後，一定の期限をおいておおむね 7 営業日を超えてからタイムスタンプを付す運用方法を採る場合には，「当該取引情報の授受から当該記録事項にタイムスタンプを付すまでの各事務の処理に関する規程」（電帳規 4 ①二ロ）を定めて運用する必要があります。

　この場合，①運用体制（管理責任者と処理責任者等）をどうするのか，②誰がタイムスタンプを押すのか（仕入事務担当者，経理事務担当者など），③どのタイミングでタイムスタンプを押すのか（前月分をとりまとめて翌月○日までになど），④タイムスタンプを押した後どうするのか（誰が，いつ，どのソフトに，どのようにして取引情報を保存するのか），⑤決められた期間経過後にタイムスタンプ担当者に取引情報が回付された場合やタイムスタンプの押し忘れがあった場合などにどのように対応するのか，などについて，ルール化する必要があります。

【任意のフォルダで保存する場合】

　電子取引の情報を任意のフォルダで保存する場合は，タイムスタンプなどによるシステム的な改ざん防止措置がありませんので，「正当な理由がない訂正及び削除の防止に関する事務処理の規程」（電帳規 4 ①四）を定めて，そのとおりに運用することにより，真実性確保のための要件（改ざん防止措置）を満たすこととなります（同上）。

　上記の規程については，国税庁 HP の電子帳簿保存法一問一答（Q&A）の「参考資料のサンプル」にひな型が示されていますが（**図表 5 - 9** 参照），これはご

く小規模な企業を念頭に作成されたものと考えてください。というのも，一定規模以上の会社の場合，残念ながら，ひな型に自社の責任者名を埋め込むだけでは，必ずしも取引情報を適切に保存できるわけではないからです。法令上必要最低限の改ざん防止措置を規程に定めただけということであれば，これでも良いかもしれませんが（取扱通達7-7），そもそも，授受した電子取引情報を①いつ，②誰が，③どこに，④どうやって保存するのか，ルールとして記載されていないことに加えて，ひな型で触れられている「取引情報訂正・削除申請書」や「取引情報訂正・削除報告書」の様式がない憾みがあります。

　また，ひな型では運用体制が「管理責任者」と「処理責任者」の二層構造となっていますが，例えば会社が，総務部，経理部，営業部，資材部，各事業所等々，それぞれの部署で取引情報を扱う場合には，これだけでは到底足りません。ごく小規模な会社でなければ，運用体制は，取引情報の保存に関する全社的な責任者と，各部・事業所レベルでの保存責任者，そして処理責任者の三層構造にしておくこと，そして，上記①〜④の要素を組み込んでルール化するとともに，様式を定めておくことが必要です。

　上記いずれの保存方法であっても，請求書等の支払情報については，事務フロー上きちんと経理まで流れるようになっているか，チェックする必要があります。確かに請求書は，保存はされるけれども，フロー上，経理に絶対に届かないことになっているのでは本末転倒です。

　電子取引情報をきちんと保存しようとするのであれば，別途，マニュアルなりルールなりを作成して，その中に「正当な理由がない訂正及び削除の防止に関する事務処理の規程」の要素を入れることが望ましいものと思われます。

図表 5-9　国税庁「正当な理由のない訂正及び削除の防止に関する事務処理規程」
　　　　　　　ひな形（法人の例）

電子取引データの訂正及び削除の防止に関する事務処理規程

第 1 章　総則

（目的）

第 1 条　この規程は，電子計算機を使用して作成する国税関係帳簿書類の保存方
　　法の特例に関する法律第 7 条に定められた電子取引の取引情報に係る電磁的記
　　録の保存義務を履行するため，○○において行った電子取引の取引情報に係る
　　電磁的記録を適正に保存するために必要な事項を定め，これに基づき保存する
　　ことを目的とする。

（適用範囲）

第 2 条　この規程は，○○の全ての役員及び従業員（契約社員，パートタイマー
　　及び派遣社員を含む。以下同じ。）に対して適用する。

（管理責任者）

第 3 条　この規程の管理責任者は，●●とする。

第 2 章　電子取引データの取扱い

（電子取引の範囲）

第 4 条　当社における電子取引の範囲は以下に掲げる取引とする。

　　一　EDI 取引

　　二　電子メールを利用した請求書等の授受

　　三　■■（クラウドサービス）を利用した請求書等の授受

　　四　・・・・・・

　　記載に当たってはその範囲を具体的に記載してください

（取引データの保存）

第 5 条　取引先から受領した取引関係情報及び取引相手に提供した取引関係情報
　　のうち，第 6 条に定めるデータについては，保存サーバ内に△△年間保存する。

（対象となるデータ）

第 6 条　保存する取引関係情報は以下のとおりとする。

　　一　見積依頼情報

　　二　見積回答情報

　　三　確定注文情報

　　四　注文請け情報

　　五　納品情報

　　六　支払情報

　　七　▲▲

（運用体制）

第 7 条　保存する取引関係情報の管理責任者及び処理責任者は以下のとおりとする。

　　一　管理責任者　〇〇部△△課　課長　XXXX

　　二　処理責任者　〇〇部△△課　係長　XXXX

（訂正削除の原則禁止）

第 8 条　保存する取引関係情報の内容について，訂正及び削除をすることは原則禁止とする。

（訂正削除を行う場合）

第 9 条　業務処理上やむを得ない理由によって保存する取引関係情報を訂正または削除する場合は，処理責任者は「取引情報訂正・削除申請書」に以下の内容を記載の上，管理責任者へ提出すること。

　　一　申請日

　　二　取引伝票番号

　　三　取引件名

　　四　取引先名

　　五　訂正・削除日付

　　六　訂正・削除内容

　　七　訂正・削除理由

　　八　処理担当者名

　2　管理責任者は，「取引情報訂正・削除申請書」の提出を受けた場合は，正当な理由があると認める場合のみ承認する。

　3　管理責任者は，前項において承認した場合は，処理責任者に対して取引関係情報の訂正及び削除を指示する。

　4　処理責任者は，取引関係情報の訂正及び削除を行った場合は，当該取引関係情報に訂正・削除履歴がある旨の情報を付すとともに「取引情報訂正・削除完了報告書」を作成し，当該報告書を管理責任者に提出する。

　5　「取引情報訂正・削除申請書」及び「取引情報訂正・削除完了報告書」は，事後に訂正・削除履歴の確認作業が行えるよう整然とした形で，訂正・削除の対象となった取引データの保存期間が満了するまで保存する。

附則

（施行）

第10条　この規程は，令和〇年〇月〇日から施行する。

2　スキャナ保存対応の 3 つのポイント

　スキャナ保存のための法令上の要件は数多く，一見すると面倒に見えますが，JIIMA のスキャナ保存法的要件認証を受けたソフトであれば，大体の要件をクリアできます。スキャナ保存対応のための法的要件のあらまし（イメージ）は，**図表 5 -10**のとおりです。

図表 5 -10　スキャナ保存の保存イメージ

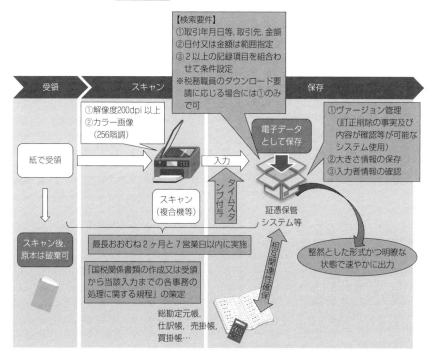

図表5-10でもわかるとおり、スキャナ保存は、ソフトやシステム利用前提となりますので、ある程度コストはかかりますし、スキャニングとシステムへの入力というプロセスが発生してきますので、これに見合った業務効率化などを念頭に取り組む必要があります。スキャナ保存を考える際のポイントは、次の3つです。

> ポイント1
>
> スキャナ保存は、業務効率化やペーパレス化を前提に、ワークフローシステムや経費精算システム導入とセットで考えるのが有効です。

第4章3で見てきたとおり、何の取引関係書類をスキャナ保存するかは任意です。スキャナ保存は、業務の効率化やペーパレス化の観点から取り組むべきものと考えてください。つまり、そもそも紙の書類を電子化する必要を感じないのであれば、無理に取り組む必要はありません。

他方で、一定規模以上の会社となれば、さまざまな業務において、決裁・承認プロセスを紙ベースのまま続けていくことの非効率性は、広く認識されています。また、紙ベースでの業務遂行は、ややもすればその担当者に属人化しやすく、担当者が辞めたり休んだりしてしまうと業務が停滞する、あるいは他の従業員では代替できないなどの弊害が顕在化することもあります。

ワークフローシステムを導入して承認処理プロセスをシステム化し、これを各業務システムや会計システムに連携させることにより、ルールを透明化し、ひいては誰もがシステム上で業務を遂行できるようにすること。これは業務の効率化を考える上で必須といえます。

さらに、出張旅費や経費の立替金については、立替者が受領した紙の領収書に基づいて精算することが多いと思います。しかし、こうした紙の領収書なども、領収書を受領した立替者がスマートフォンなどで領収書を撮影し、それを電帳法上のスキャナ保存の要件を満たした経費精算システム(※)を利用して精算手続きを行えば、紙のやりとりを社内にまで持ち込むことはありません。

※ 経費精算システムは、経費精算に特化したワークフローシステムです。

　スキャナ保存は，仕事をシステム上で電子的に行うための手段として捉えて取り組んでいただくと，コストに見合った，あるいはそれ以上の取り組み効果があります。

ポイント2

　取引関係書類をスキャナ保存する場合には，それが重要書類なのか，一般書類なのかをきちんと認識しておく必要があります。

　スキャナ保存を考える場合，例えば請求書や領収書といった重要書類は，一定期間内にカラーでスキャンすることに加えて，帳簿の記載事項との相互関連性を持たせることが必須となります。

　他方で，見積書や検収書など，一般書類に分類されるものについては，白黒でスキャンが可能であり，スキャンした情報の入力期間制限もありません。また，令和6年1月1日以降に保存を開始するスキャナ保存文書については，帳簿の記載事項との相互関連性を持たせる必要もありません。

　したがって，スキャナ保存に対応した，ワークフローシステムなどで業務を効率化する場合には，重要書類を中心に何をシステム上に載せていくのかを検討する一方，一般書類，特に最終的に取引に至らなかった見積書などについては，ペーパレスや省スペースの観点から，システム上で仕事をするのとは別にスキャナ保存を考えることが必要です。

ポイント3

　スキャナ保存のための社内規程を整備する必要があります。

　電帳法対応には，何かと社内規程がつきものです。スキャナ保存についても，書類の授受を行った者がすみやか（おおむね7営業日以内）にスキャン・入力をしない限り，スキャナ保存をしようとする「国税関係書類の作成又は受領から当該入力までの各事務の処理に関する規程」など（電帳規2⑥一ロ，同二ロ）を作成する必要があります(※)。

※　すみやかにスキャン入力をする場合であっても，「当該国税関係書類の入力及び

保存に関する事務手続を明らかにした書類」の備付けが必要です（電帳規2⑥七，同②一二準用）。

　国税庁HPの電子帳簿保存法一問一答（Q&A）の「参考資料のサンプル」にひな型が示されていますが，詳細に過ぎて分かりにくいかもしれません。ひな型を参考にしながら，保存対象書類の範囲を決めたうえで，授受した書類について①いつ，②誰が，③誰の管理の下で，④何の機器で，⑤どのようにしてスキャンし，⑥何のシステムに，⑦誰が入力するのか，についてのルールを作成することを心がけてください。

　なお，一般書類については，スキャナ保存しようとする書類の「電磁的記録の作成及び保存に関する事務の手続を明らかにした書類（当該事務の責任者が定められているものに限る。）」（電帳規2⑦）の作成・備付けを要します。こちらも，国税庁HPにひな型が掲載されていますので，参考にしてください。

③　自己作成書類保存対応のポイント

　図表5-11をご覧いただければわかるとおり，ソフトやシステムを使用して電子的に作成した請求書などの「取引関係書類」や，貸借対照表や損益計算書などの「決算関係書類等」を電子的に保存する場合の要件のハードルは高くはありません。

　見読可能装置（ディスプレイ等）やシステムの操作説明書等の備付けに加えて，電子的に保存しようとする「国税関係書類の作成，保存に関する事務手続を明らかにした書類」を作成し，備え付けておくだけでこと足ります（電帳規2③，同②一二準用）。

　したがって，例えば請求書作成システムで請求書を作成し，これを書面に出力して送付しているケースは多いと思いますが，このような場合には，上記の「事務手続を明らかにした書類」を備え付けるなどしておけば，システムに保存してある請求書作成のためのデータをシステムにおいたまま，これを「請求書写し」として電子的に保管することができます（「一問一答【電子計算機を

図表5-11 自己作成書類の保存イメージ

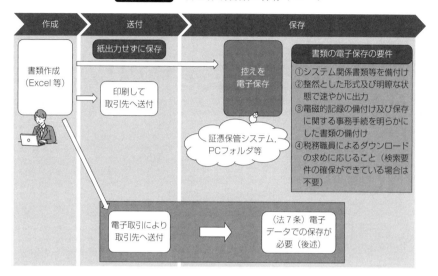

使用して作成する帳簿書類関係】」問25。ただし，実際に相手方へ送付したものと同じ状態を定形のフォーマットに出力するなどの方法によって遅滞なく復元できる必要があります）。

　請求書や納品書，注文書などを，システム上で作成・発行している場合には，システム上のデータベースを写しとして電子保存することを検討してみてください(※)。

※　システム上で作成した自己作成書類を電子的に送信する場合には，電子取引のデータ保存の要件にしたがって保存する必要がありますので注意してください。

第6章

電子帳簿保存法を利用した
経理 DX

1 経理 DX への取り組み：6つのステップ

　電帳法の保存要件を考慮せずに，経理事務の DX 化を考えることは困難です。それにしても，「電帳法の条文や理屈は何となくわかったけれど，具体的にどうやって電帳法対応すればいいのかさっぱりわからない。」，このような悩みを持つ人は多いのではないでしょうか。

図表 6-1 経理 DX への取り組みの6つのステップ

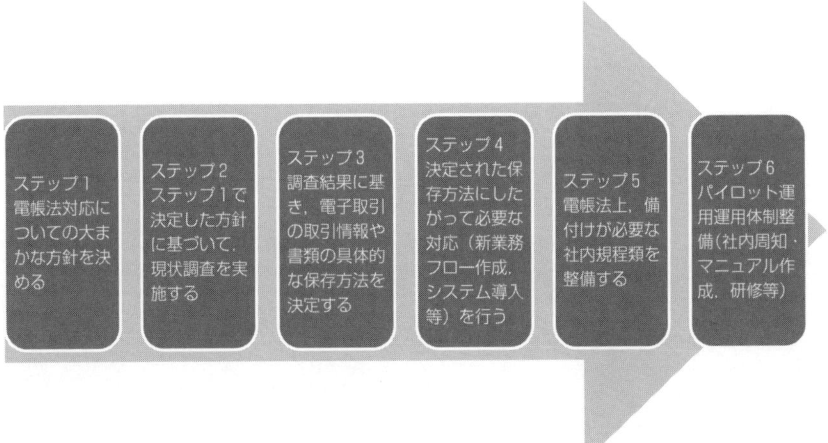

| ステップ1 電帳法対応についての大まかな方針を決める | ステップ2 ステップ1で決定した方針に基づいて，現状調査を実施する | ステップ3 調査結果に基づき，電子取引の取引情報や書類の具体的な保存方法を決定する | ステップ4 決定された保存方法にしたがって必要な対応（新業務フロー作成，システム導入等）を行う | ステップ5 電帳法上，備付けが必要な社内規程類を整備する | ステップ6 パイロット運用運用体制整備(社内周知・マニュアル作成，研修等) |

　そもそも，電子取引数が多く，そのやりとりに携わる人が数人以上となるなどの状況においては，この際，システムによる業務処理・保存を前提に対応を考える必要があります。その場合，やみくもにシステムを導入すればよいというものでもありません。特に具体的には以下の6つのステップを踏むことが一般的です。

② 各ステップの概要

　経理DXのための各ステップ，具体的にはどのようなものでしょうか？概要について説明します。

【ステップ1】電帳法についての大まかな方針を決める

　電帳法対応について，今後会社としてどうしていきたいのか，おおまかな方針を決めましょう。具体的には，

① 電子取引だけ保存すればよいのか，電子取引だけ保存するのであればシステム的に保存するのか否か，

② 業務の効率化やペーパレス化も視野に入れて，ワークフローシステムを導入するなどして，紙でやり取りする取引関係書類の保存の電子化も考えるのか，つまりスキャナ保存の利用により，紙のやりとりを社内に持ち込まないようにすることまで視野に入れるのか，そしてその場合に何の書類を電子化するのか，

といったおおまかな方針を立てる必要があります。経理業務のDX化を念頭に置くのであれば，当然，上記②を前提に方針を立てることとなります。どうすればよいか発想もない，ということであれば，ステップ2の取引関係書類等の棚卸しをしてから，方針を立てることも可能です。

　特に，令和5年10月から始まるインボイス制度を念頭に置いた場合，発行した適格請求書写しについては，消費税法上の保存義務がありますので（消法57の4⑥），システム上で発行した請求書データについては，可能な限りデータ

で保管するよう，自己作成書類保存制度の利用を考慮してみてください。

　いずれの方針を採るにしても，システムを利用して保存するとなれば，もちろんある程度コストもかかりますが，お金を惜しんで，電子取引情報の保存のためだけに手間暇をかけた結果，バックオフィス業務の生産性を落とすことについて，どこまで割り切ることができるのか，よくよく考える必要があります。

【ステップ2】現状調査を実施する

　ステップ2は，社内でやりとりする電子取引や取引関係書類を把握するための現状調査を実施する，つまり棚卸しすることです。棚卸しのためには，**図表5-4**に掲げた調査表を参考にしてみてください。この場合，電子的な保存を義務付けられている電子取引は，すべての電子取引情報を対象に棚卸しが必要なのは，第5章 1 ポイント1 で述べたとおりです。

　他方で，何の書類を電子的に保存するのについて自由に選べるスキャナ保存をやる場合には，棚卸しの対象をどこまで広げるのかについて，検討の余地があります。ワークフローシステムを導入して経理業務周りも含めたバックオフィス業務の効率化を視野にいれるのであれば，請求書や領収書は必須です。特に，令和5年10月からはじまるインボイス制度を念頭に置いた場合，請求書や領収書周りはできるだけ電子化しておくに越したことはありません。

　請求書や領収書以外には，何の書類をワークフローシステムに載せるのかによって，棚卸し対象を決めます。方針が固まらないのであれば，取引関係書類を悉皆的に調べることも可能ですが，それなりに事務量や現場負担がかかりますので，この点に配慮が必要です。

　なお，前述のとおり，インボイス制度がはじまると，発行した適格請求書の写しについては保存義務が生じます。どの部署がどのような形で請求書等を発行しているのか，それがどのように保管されているのかについても，しっかりと現状調査をしておきましょう。

【ステップ 3】把握した取引関係書類等についての保存方法を決定する

⑴　取引関係書類の種類によって異なる保存方法

　把握した取引関係書類等について，システムで電子的に保存するのか，紙を
ファイリングして保存するのか，保存部署はどこにするかなどについて決定し
ます。見積書や注文書などの一般書類については，それが紙のものなのであれ
ば，無理して電子化をせずに，従来どおり，受取り部署がファイリングして紙
のまま保存してもよいかもしれません。あるいは，省スペースの観点から，年
に1度，まとめてスキャナ保存により，電子的に保存することも考えられます。
　他方で，請求書や領収書など，必ず組織をまたがって経理部署まで到達しな
ければならないものについては，電子取引はいうまでもなく，紙で受け取った
ものについても，スキャニングにより電子化した上で，電子取引と一緒に会計
処理した方が効率的です。もっともこの方法を採る場合には，システム導入の
イニシアルコストとランニングコストの見積もりを行ったうえで，費用対効果
を十分に検討する必要があります。

⑵　システム導入による保存の検討：経理 DX で使用するシステムのタイプ

　システム利用により保存することを前提にして考える場合，会計システム及
び販売管理システムを中心に，自社で使用している既存のシステムが電帳法の
要件を満たしているかどうかの確認を行います。
　その際，ステップ1で決定した方針（電子取引だけを保存すればよいのか，
あるいは将来的にワークフローシステムを導入するなどして，紙でやり取りし
た取引関係書類の保存の電子化も考えるのか）において，目指す方向性に照ら
して，現状システムが電帳法の要件に対応しているかどうかを検討する必要が
あります。何をやりたいのかによって，求められる電帳法の要件が異なってく
るからです。

　既存システムが，ステップ１の方針に照らして，電帳法の要件を満たしていないとするならば，満たすための方策を検討することになりますが，仮に新たにシステム導入を考える場合には，それが自己で作成・発行するものか，取引先から受領するものかによって，保存するシステムのタイプも異なってきます。電帳法の３つのカテゴリー別に対応するシステムのタイプは，**図表６-２**下段のとおりとなります。

　以下，それぞれのタイプの概要を説明します。

① 会計ソフト：企業における金銭の動きを管理・記録して，帳簿や決算関係書類等の作成までを行うものです。会計業務の効率化だけでなく，正確性の向上，内部統制の強化などを考えた場合，必須のものであり，個人も含めて多くの方が利用しています。販売管理システム等と連携して，経理業務の効

図表６-２ 電帳法の３つのカテゴリーと対応するソフトのタイプ

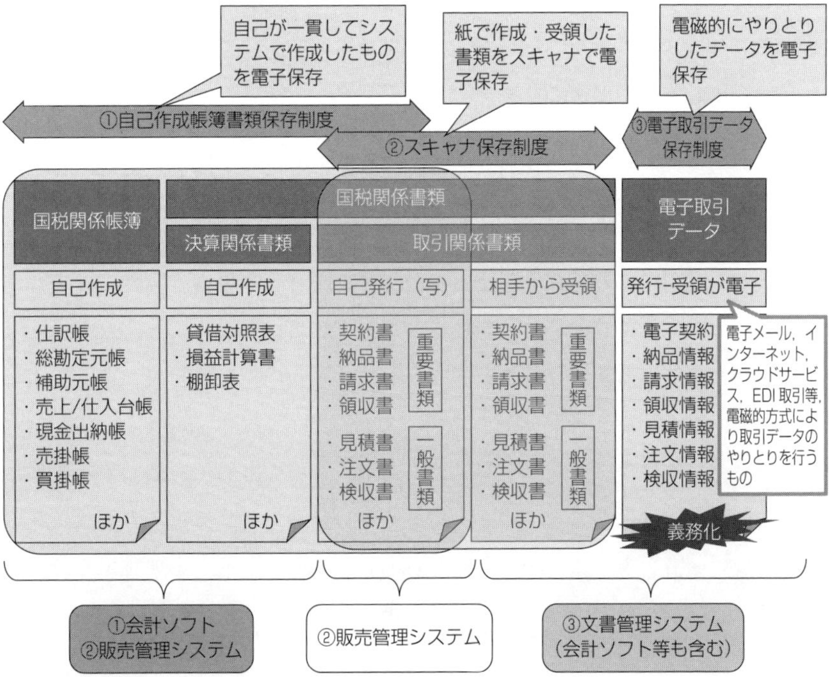

率化を図ることが可能となります。

② 　販売管理システム：企業の販売活動における，見積り⇒受注⇒出荷⇒納品⇒請求⇒入金といった一連の販売プロセスにおいて，必要な情報を管理するものです。通常，見積書や納品書，あるいは請求書といった取引関係書類等を必要に応じて発行する機能を持っており，一連の販売プロセスが確実かつ効率よく実施できるように支援するものです。このシステムで作成した取引関係書類等については，自己作成書類または電子取引についての電帳法の要件を満たした上でデータ保存することができます。

③ 　文書管理システム：電子化した文書を保管・保存，活用（検索，バージョン管理等），廃棄のサイクルで一括管理できるシステムのことです。PDFやExcelファイル等をフォルダ等を作成して保存管理することができます。取引関係書類等を保存するためのものは，スキャナ保存や電子取引についての電帳法の要件を満たしている必要があります。データベース構造でデータを管理していることから，利用者は，専用アプリやWebブラウザを通じてデータに対してアクセスし，素早く対象データを検索することができます。

　把握した取引関係書類等の種類に応じて，上記のタイプのシステムを組み合わせて保存を検討することになりますが，既存のシステムがあるのであれば，最終的な運用を想定しながら，既存のもので電帳法の対応のためのアップグレード等で活用できるのかどうかも含めて確認します。

(3)　取引関係書類等の発行/受領別によるシステムの使い分け

　ところで上記の3つのタイプのシステムのうち，帳簿や自己発行書類を電子的に保存するのであれば，見読可能装置とその操作説明書などを備え付けたうえで，データ作成に使用した会計ソフトや販売管理ソフトのデータを保存すればよいので，比較的容易です。

　他方で，相手から受領する書類や電子取引のデータについては，請求書や領収書といった，経理部署まで必ず到達させなければならないものと，納品書や

注文書，注文請書，あるいは見積書といった，もっぱら営業や資材・購買といったフロント部署において取扱われるものとを分けて考える必要があります。

　後者については，基本的に取扱い部署において文書管理システムでの保存を検討する一方，前者については，ワークフローシステムの利用を念頭に，請求書の受取部署における請求書等のスキャン・電子化を行い，申請・承認過程を経て，経理部署に内容チェック，経理処理，支払手続き等といった一連のプロセスをシステム上で行うとともに，文書管理システムとの連携させることによって，半ば自動的にスキャナ保存や電子保存にかかる電帳法上の要件を満たす形で保存を可能にすることを考慮してみる必要があります。もちろんシステム導入に係るコストやランニングコストはかかりますが，バックオフィス業務のシステム化により合理化・効率化を図らなければ，電帳法やインボイス制度といった法令対応だけで業務が複雑化し，非効率化しかねないだけに，少なくとも検討の俎上に上げることは必須といえます。

【ステップ4】決定された保存方法にしたがって必要な対応（新業務フロー作成，システム選定・導入等）を行う

　上記のステップ3とステップ4は相互に密接に絡んでいますので，両者をはっきり分けるのは難しいかもしれません。特に新業務フローを作成する，あるいは新たなシステム選定を行う，といったプロセスは，取引関係書類等の保存をどうするかの決定をする際に，往々にして密接に絡んできます。

　つまり，取引関係書類等を電帳法に従った形で保存方法を考える場合において，BPRや効率化の観点から検討するとすれば，必然的に新たな業務フローを念頭に保存方法を考えざるを得ず，新たな業務フローを考えながら，システム選定作業も行う過程で，個々の取引関係書類等の保存方法の決定に至るケースもあります。その意味では，ステップ3と4は作業的には併行しながら進めていく場面もあろうかと思います。

　特に，インボイス制度への対応を念頭に置いた場合，適格請求書とそうでないものの区分け，登録番号のチェック等が従来の事務に加わるなど，請求書ま

わりの事務が複雑化することは明らかであり，請求書の発行及び受領に関する事務のデジタル化の視点は不可欠となります。以下，請求書の発行及び受領に関するプロセスのデジタル化について説明します。

(1)　請求書発行プロセスのデジタル化

　上記の販売管理システムなどの請求書発行機能を利用することにより，請求書作成から送付までのプロセスをデジタル化する方法を紹介します。請求書作成から入金処理までの大体の流れは，**図表6-3**のとおりです。

　以下，販売管理システムの請求書作成機能を利用した場合の具体的な作業について説明します。

　請求書作成に必要な情報として，取引先の情報や，入金を指示するための口座情報，社員情報などを事前に登録します。作業が大変な場合はベンダーの導入サポートサービスやITコンサルタントなどをうまく活用して準備を進めるとよいでしょう。

　請求書の作成方法は，直接入力して作成するか，CSVデータをインポートして作成する方法の2通りあります。請求書のデータが作成できたら，確認し

図表6-3　販売管理システム上での請求書作成から入金処理までの流れ

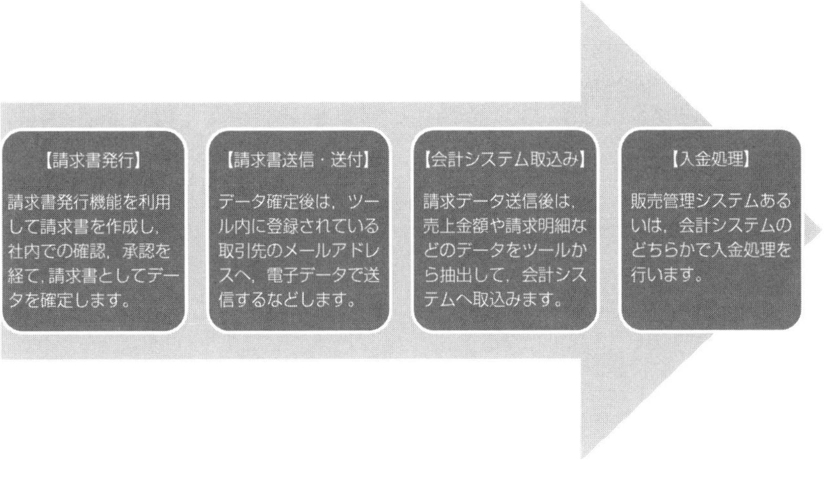

【請求書発行】
請求書発行機能を利用して請求書を作成し，社内での確認，承認を経て，請求書としてデータを確定します。

【請求書送信・送付】
データ確定後は，ツール内に登録されている取引先のメールアドレスへ，電子データで送信するなどします。

【会計システム取込み】
請求データ送信後は，売上金額や請求明細などのデータをツールから抽出して，会計システムへ取込みます。

【入金処理】
販売管理システムあるいは，会計システムのどちらかで入金処理を行います。

て情報を確定します。この時，承認が必要であれば，承認フローのついたツール，もしくはオプション機能のあるツールを選択しましょう。

【請求書情報の配信】

請求書のデータが確定したらお客様へ届けることになりますが，基本的には電子発行，つまりメール配信になります。パソコンだけではなくスマートフォンでも確認ができるものも増えています。取引先が増えるとどうしても郵送してほしいといった要望が出てくると思いますので，郵送代行やFAX送信などの機能を利用するなどして，郵送にかかる手間暇を省く方法も検討してみてください。郵送代行は，郵送漏れ，発行漏れも防げるのでその方が安心です。**図表6-4**でイメージしてみてください。

図表6-4 販売管理システムを利用した請求書作成の流れ（イメージ）

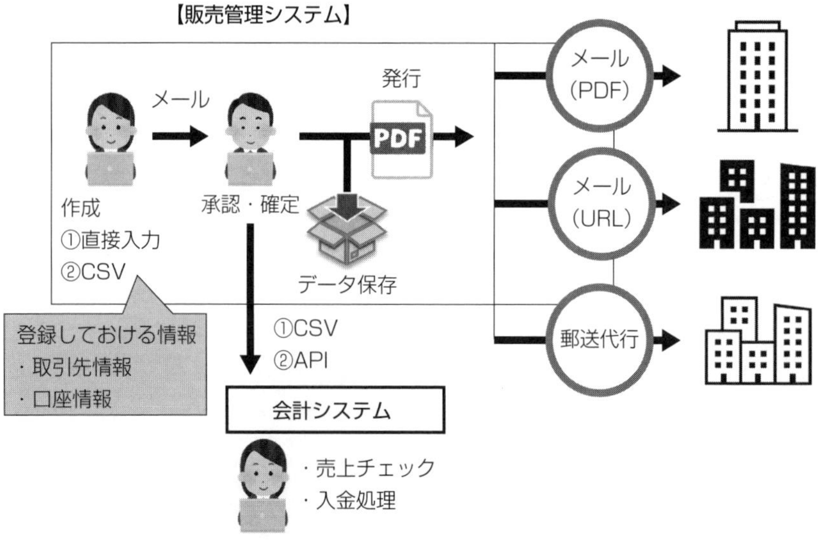

【システム選定にあたっての留意点】

システムを選定するにあたって第一に考慮すべき比較ポイントは，やはり情報の連携機能です。請求書の情報は売上げに直結するものですから，利用している会計システムと連携できるツールをお勧めします。発行した請求書の金額が直接会計システムに連携するものであれば，二重入力の手間が省けます。

利用中の会計システムを運営しているベンダーのものがあれば最初に検討の俎上に上がってきますが，会計ベンダー以外であっても，さまざまな会計システムと連携ができるようになっているので，コスト面や機能面で検討の幅を広げることも可能です。

ただし，連携とはいっても API 連携と CSV 連携という違いがあるので注意が必要です。API 連携とは会計システムと自動でつながって，反映に人の手が必要ないものに対して，CSV 連携は出力したデータを会計システムに手動でアップロードするという仕様になっています。

また，発行方法つまり受取側の仕様についても確認しておく必要があります。電子発行は2パターンあり，メールに PDF データまたはダウンロード用 URL がついて送付されるタイプと，取引先にアカウント登録をしてもらって，ツールにログインして確認してもらうタイプがあります。

取引先情報の登録や管理も同一の機能内でできるものがよいでしょう。もし別の機能やシステムで管理しているようでしたら，そのツールとの連携も検討事項です。システムによっては，見積書から納品書，請求書までを一気に作成できるものや，入金の自動消込が可能なもの，口座振替やクレジットカード決済などの代金回収機能を有するシステムなどもありますので，検討の幅は広く考えていただけます。自社でのボトルネックを把握し，必要な機能を選択するのがよいでしょう。

(2) 請求書受領プロセスのデジタル化

次に受領する請求書を電子化することにより，社内での処理プロセスもデジタル化する方策について考えてみます。請求書の受取側のデジタル化について

図表6-5 請求書受取サービスを利用した請求書受取プロセスのデジタル化（イメージ）

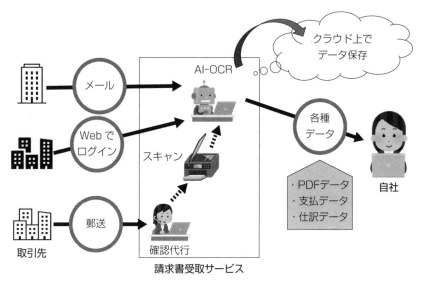

は，請求書受取サービスがいくつか出ていますので，それを例として説明します。イメージは**図表6-5**のとおりです。

　請求書は，書面やメールあるいはWebサイトからのダウンロードなど，さまざまな形態であるばかりでなく，都度請求や月まとめ請求など，受領するタイミングも異なるなど，受領方法は一律ではありません。このことから，請求書受取に係る事務は，大変非効率なものになっています。

　請求書受取サービスとは，依頼者に代わって請求書を受領し，紙の請求書は電子化することにより，すべての請求情報をデータ化して依頼者に届けるサービスです。受領した請求書情報は，同サービス内で一元管理されることとなります。インボイス制度においては，受取請求書が適格請求書であるのか，あるいはそうでないのかをきちんと認識したうえで，会計処理していく必要がありますが，さまざまなタイミングかつ形態の請求書の受取が多数に及ぶ場合，自社内で大量の請求書を区分して処理していくことも，電帳法の要件を満たした形で保存することも容易ではありません。

　請求書受取サービスは，こうした悩みを解決するために提供されるものです。

　以下，請求書受取サービスのイメージを説明します。

【請求書の受領・取り込み】

　請求書受取サービスの多くが専用の受取用メールアドレスとアップロード画面をもっています。請求書が電子取引として受領するもの，つまり，メールにPDFファイルが添付されている，あるいはメール本文にURLが付されているなどの場合には，送信元である相手方に連絡して，請求書受取サービス専用のメールアドレスに送付先を変更してもらうか（同アドレスをccに加えてもらうか），あるいは受信した請求書情報付きのメールを専用アドレスに転送することで，請求情報を同サービスに取り込みます。

　請求書がログイン方式で届く場合には，これをダウンロードして，郵送で届く場合には，これをスキャンしたうえで，いずれもPDFデータとして専用アドレスにメールで送るか，専用画面にアップロードすることでサービス内に取り込みます。

【請求書情報の保存】

　上記により取り込んだ請求書のPDFデータは，電帳法上のスキャナ保存や電子取引の保存要件を満たす形で，クラウド上にアップロードされ，そこで一元的に保存・管理されます。

【請求書情報のデータ化・送信】

　一方，PDFデータになった請求書は，AI-OCRを利用して請求書に記載された情報を自動でデータ化します。データ化した請求情報等は，販売管理や経理処理などのために，依頼者側へ送信されます。

【サービス選定にあたっての留意点】

　請求書受取サービス導入の比較ポイントは，まずデータ化の方法とデータ化率です。データ化方法はAI-OCRを利用して自動で情報を読み取る方法と，人が確認してデータ化を行う方法があります。前者の場合，データの読取精度は90％ほどになりますが，後者は精度99.9％を保証するものもあります。OCR技術は，手書き書類の正確な判断がまだ難しいため精度に若干の影響が出ますので，手書きの請求書を受領することが多い場合は後者のサービスの選定を検討するのがよいでしょう。

　また，受取方法についても比較ポイントとなります。メールとアップロード方式は大体どのツールにもサービスにもありますが，郵送の受取代行をしているものもあります。その場合は必ず人が作業を代行することになりますので，その分システム利用料などのランニングコストが高くなりますが，郵送の受取や紙請求書の保管など，特に月次処理の枚数が多い場合，または100％のペーパレス化を目指すのであればこのサービスを選択することも検討する必要があります。

　情報の連携性についても比較ポイントとなります。仕訳データが会計システムと連携していないと，二重入力の手間が生じますし，取引先の情報との連携も大切となってきます。

【ステップ5】電帳法上，備付けが必要な社内規程類を整備する

　電帳法においては，あらゆる場面で，社内規程類の作成・備付けが求められます。これは，電帳法の個別の条文では到底規制し得ない，あるいはそもそも各々の納税義務者に任せるべき細かな保存のやり方については，自ら保存ルールを定めるとともに，あらかじめ定められたルールにのっとって保存してください，というのが趣旨だと思われます。したがって，電帳法対応には社内規程整備は欠かせないものと考えてください。

　電帳法の電子保存の場面別に，作成・備付け等が求められる社内規程類をまとめると，以下のとおりとなります。

図表6-6　作成の備付け等が求められる規程類

電子的保存の場面	規程類の名称	根拠条文
電子帳簿保存 （電帳法4①）	①　当該国税関係帳簿に係る電子計算機処理並びに当該国税関係帳簿に係る電磁的記録の備付け及び保存に関する事務手続を明らかにした書類	電帳規2②一二
	（電子帳簿の作成を他に委託している場合） ②　当該国税関係帳簿に係る電磁的記録の備付け及び保存に関する事務手続を明らかにした書類	同上
自己作成書類保存 （電帳法4②）	上記に準ずる。	電帳規2③により上記準用
スキャナ保存 （電帳法4③）	（国税関係書類に係る記録事項の授受後すみやか（おおむね7営業日以内）にタイムスタンプを付し入力する場合） 上記に準ずる。	電帳規2⑥七により上記準用
	（業務処理に係る通常の期間を経過した後，すみやか（最長2か月とおおむね7営業日以内）に入力する場合） ③　当該国税関係書類の作成又は受領から当該入力までの各事務の処理に関する規程	電帳規2⑥一ロ
	（その業務の処理に係る通常の期間を経過した後，すみやか（最長2か月とおおむね7営業日以内）に当該記録事項に当該タイムスタンプを付す場合） ④　当該国税関係書類の作成又は受領から当該タイムスタンプを付すまでの各事務の処理に関する規程	電帳規2⑥二ロ
	（「一般書類」に記載されている事項を入力する場合） ⑤　当該電磁的記録の作成及び保存に関する事務の手続を明らかにした書類（当該事務の責任者が定められているものに限る）	電帳規2⑦
	（「過去分重要書類」に記載されている事項を入力する場合） ⑥　当該電磁的記録の作成及び保存に関する事務の手続を明らかにした書類（当該事務の責任者が定められているものに限る）	電帳規2⑨

電子取引のデータ保存 (電帳法7)	(その業務の処理に係る通常の期間を経過した後，すみやかに当該記録事項に当該タイムスタンプを付す場合) ⑦　当該取引情報の授受から当該記録事項にタイムスタンプを付すまでの各事務の処理に関する規程	電帳規4① ニロ
	(タイムスタンプ等システム的な改ざん防止措置がない場合) ⑧　正当な理由がない訂正及び削除の防止に関する事務処理の規程	電帳規4① 四

　上記のうち，国税庁HPにおいてひな型が示されているものは，電子帳簿関係の①（「国税関係帳簿に係る電子計算機処理に関する事務手続を明らかにした書類」（概要）），スキャナ保存関係の③と④（「スキャナによる電子化保存規程」として③と④を一体化），スキャナ保存関係で一般書類関係の⑤（「国税関係書類に係る電子計算機処理に関する事務の手続を明らかにした書類」），電子取引関係の⑧（「電子取引データの訂正及び削除の防止に関する事務処理規程」）（法人の例と個人の例）であり，②，⑥，⑦は，自身で作成する必要があります。

　スキャナ保存に関する規程③及び④の書き方のポイントについては第5章 ②の ポイント3 に，電子取引関係の規程⑦及び⑧については同章 ①(2)の ポイント5 に記載していますので参考にしてください。ひな型がないものについては，運営体制と管理責任者を決定するとともに，いつ，誰が，どこに，どうやって保存するのかについて，ルールを作成することを心がけてください。

【ステップ6】パイロット運用，運用体制整備（社内周知・マニュアル作成，研修等）

　最後は，実際の運用に向けたステップになります。導入したシステムのパイロット運用を行い，実際に円滑に運用できるかを試してみること，その過程で所要の見直しを行うことが求められます。また，同時にシステム運用のためのマニュアル作成や社内周知，そして必要な研修を実施していく必要があります。

場合によっては，システム導入をベンダーやコンサルタントに支援してもらう
ことも必要となってきます。

　電帳法対応を念頭に置いた経理DXは，経理部だけでなく，IT，営業，購
買等々，社内のさまざまな部署が関わってきます。したがって，運用に向けて
は社内の関係部署のリーダーや担当者で構成するプロジェクトチームで運用に
向けた準備をするとよいでしょう。

第 7 章

電子帳簿保存法を
念頭においた
インボイス制度対応

1 電帳法と消費税法の関係

　消費税の納税者は，多くの場合，法人税や所得税の納税者でもありますので，消費税固有の問題について考える必要はあまりないかもしれませんが，電帳法と消費税法の関係で特徴的な点がひとつあります。

　電帳法上の電子取引の保存義務者は，「所得税（源泉徴収に係る所得税を除く。）及び法人税に係る保存義務者」（電帳法 7）とされており，消費税に係る納税義務者は，ここから除かれているということです。

　ここで，電子取引情報の保存義務者から消費税に係る保存義務者が外されているのは，消費税については，電子取引を紙で保存したか，電磁的に保存したかの保存形態の相違によって，税額計算にまで影響を及ぼしてしまう（消費税について，電子取引の電磁的保存を義務化してしまうと，電磁的保存ができなかった場合，請求書等の保存がなかったものとして，仕入税額控除が否認されてしまう恐れが出てくる）ことが納税者に対して酷な結果となることを考慮したものとされています（「一問一答【電子取引関係】」問26）。

　インボイス制度においても，適格請求書等を電子的にやりとりする場合には，電帳法上の電子取引の保存要件に従って保存することが求められていますが（消規15の 5 ①，26の 8 ①），上記の趣旨に基づいて，適格請求書等のデータを

整然とした形式及び明瞭な状態で紙に出力して保存することができることとされています（同規15の5②，26の8②）。

② 適格請求書等（発行・受領）の電子化（電子インボイス）の必要性

　インボイス制度への対応は，やることは数多くありますが，電帳法を念頭においてシステム化を考慮する場合には，売上側にせよ，仕入・購入側にせよ，請求書や領収書周りを中心に準備をすすめていきます。これは，インボイス制度が，消費税の仕入税額控除の適用を受けるためのものだからです。

　もちろん，請求書ばかりでなく，納品書など請求書以外の書類もインボイスの役割を果たしますが，特に，インボイス制度対応をシステム的に進めようとする際には，電帳法を念頭に置きながら，売上げや仕入れなどのメインストリームである，請求書や領収書の電子化やこれらの業務処理のシステム化を推進していくことが大切です。

　現状，請求書等のやりとりは，多くのケースで紙と電子取引が混在した形となっています。ところが請求書等は，発行側であれ受領側であれ，それが電子取引であれば，原則として電帳法上の要件に従って保存しなければならないこととされています。これまでは，電子取引で受け取った請求書は紙に出力して，紙の請求書と一緒に業務処理をすることが基本でした。今後，電子取引については電子的に保存しなければならないとなれば，

① 　紙ベースでの業務処理プロセスはそのままにして，紙に出力した請求書とは別に電子取引データを保存する，

② 　電子取引と紙取引とは別途の業務処理プロセスにする，

③ 　紙の請求書をスキャナ保存により電子化して，電子取引と共通の電子的な業務処理プロセスにして，紙の請求書ともども電子的に保存する，

のいずれかの選択肢を採ることとなります。

　上記③の選択肢は，業務処理プロセスのシステム化を意味しますので，シス

テム導入コストや利用コストがかかりますが，上記①，②に比して，より合理的なことは明らかです（**図表7-1**参照）。

　今後，可能な限り業務処理をシステム化するとともに，適格請求書の発行や受領についても電子化を進めていくことにより業務を効率化することをぜひ検討してみてください。

図表7-1　改正電帳法を踏まえた，業務処理と保存のパターン

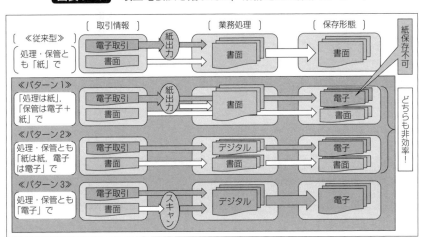

3 売手としてのインボイス制度対応

　インボイス制度対応上，売手としては，適格請求書を発行する立場となりますが，インボイス制度においては，適格請求書発行事業者は，発行した適格請求書の写しを保存しなければならないこととされています（消法57の4⑥，消規70の13）。消費税法上，従来はそのような義務はなく，また法人税法においても，自己の作成した取引関係書類については，「その写しのあるものはその写し」を保存する（法規59①三），つまり，写しがなければ必ずしもそれを保存する必要はありませんでした。

　インボイス制度開始後は，「写しを保存しなければならな」くなったことか

ら，適格請求書をシステム上で作成したのなら，これをいちいち紙に出力して保存するのではなく，電帳法の自己作成書類保存制度の要件にしたがって電子的に保存することが圧倒的な効率化につながることとなります。

　特に，請求書発行システムで請求書等を作成，書面に出力している場合には，書面での保管をやめて発行システムのデータベースを保存しておけばよいので（「一問一答【電子計算機を使用して作成する帳簿書類関係】」問25），請求書発行システム上での適格請求書の作成及び保存に関する事務手続を明らかにした書類（電帳規2③，同②一ニ準用）を作成して，電帳法の要件を満たし，保存することをデフォルトで考えることが合理的です。

　また，適格請求書等の送付を電子的に行うことにより請求書発行事務を効率化することを考えている場合には，電帳法の電子取引のデータ保存制度の要件に従って保存することとなりますので，タイムスタンプを付して送付するか，「正当な理由のない訂正及び削除の防止のための社内規程」を作成するかして改ざん防止を図るとともに，検索機能の確保のための要件を満たした形で保存することとなります。

　せっかくシステムで作成した適格請求書について，①これを印刷し，②社判を押し，そして③封かんし，④郵送するといった一連のプロセスに係る時間コストは馬鹿になりません。外注を考慮することも必要ですが，そのような場合でも，可能な限り電子的に送信することにより，コストの軽減が図ることができます。

4　買手としてのインボイス制度対応

　買手としては，適格請求書等を受領し，帳簿と共にこれを保存することによって仕入税額控除の適用を受ける立場となります。

　インボイス制度において，取引先から請求書等を受領した場合には，従来の請求書処理プロセスに加えて，

① 　それが適格請求書なのか，そうでないのか（後者であれば，原則として仕

入税額控除の適用を受けることはできません^(※)，

※　経過措置として，令和5年10月1日から3年間は80%，令和8年10月1日から3年間は50%の仕入税額控除を受けることができます。

② 　適格請求書であれば，請求書に記載される事項の他に適格請求書の記載要件（登録番号，適用される消費税率，税率ごとの消費税額など）を満たしているか，

③ 　登録番号に誤りはないか（相手方が確かに適格請求書発行事業者であるか），

などのチェックのプロセスが新たに加わります。受取請求書の数が少ないのならばともかく，そうでなければ，上記にかかる手間は決して無視できません。

　加えて，請求書を電子取引として受領した場合には，（法人税や所得税の納税者であれば）電帳法の電子取引のデータ保存の要件にしたがって保存する必要があることから，業務処理プロセスは，可能な限り電子的に行うことが望ましい状況にあります。

　そのような観点からは，取引先に対しては可能な限りデータで適格請求書等を送信してもらうように要請するとともに，紙で受領した適格請求書等はスキャナ保存により電子化した上で，電子取引データとともにシステム上で業務処理を行うことを検討する必要があります。

　あるいは，電帳法の保存要件に対応した請求書受領サービス^(※)の利用によって，紙でのやりとりを社内に一切持ち込ませず，デジタル化した請求書データに基づいて業務処理をシステム上で行うことも可能となります。電帳法やインボイス制度に対応し，併せて経理事務の合理化，システム化するということであれば，こうしたことも検討の俎上に挙げてみてはいかがでしょうか？

※　自社に代わって請求書を受領し，AI-OCR処理などによってデータに変換・処理したうえで，請求書情報をデジタル処理することを可能にするクラウドサービスです。

⑤　Peppol を通じたデジタルインボイスの利用

　デジタルインボイスとは，デジタルインボイス推進協議会の定義によれば，「標準化され構造化された電子インボイス」のことを指します。つまり，PDFなども含む単なる「電子化されたインボイス」ではなく，どのような相手方ともやりとりができるよう「標準化」され，各事業者のバックオフィス業務全体のデジタル化（Digitization）できるよう「構造化」されたインボイス，つまり適格請求書等です。

　デジタルインボイスは，いわゆる Peppol（Pan European Public Procurement Online）を通じてやりとりされることとなります。

　Peppol とは，「請求書（インボイス）などの電子文書をネットワーク上でやり取りするための「文書仕様」「運用ルール」「ネットワーク」のグローバルな標準仕様」（デジタルインボイス推進協議会 HP（https://www.eipa.jp/peppol）より）のことです。

　この仕組みにより，請求書を電子的に作成して，自社の Peppol アクセスポイントを通じて Peppol に接続し，作成した請求書データを相手先のアクセスポイントに送信すると，それが相手方に届く仕組みとなることとなります。

　インボイス制度開始後は，Peppol に対応したシステムを通じて，どんな相手ともやりとりすることができ，適格請求書の受領者は，Peppol から直接適格請求書データを取り込むことにより，このデータを社内の業務システムや会計システムに連携して，日々の請求書処理事務を自動化させることが可能となります。

　現状（令和5年5月31日現在），JP PINT と呼ばれるデジタルインボイスの適格請求書用の標準仕様（**図表7−2**の売手のアクセスポイント（C2）と買手のアクセスポイント（C3）との間でやり取りされるデジタルインボイスの標準仕様）Standard Invoice "JP PINT 1.0"（令和4年10月28日公表）が公表されています。また，仕入明細書に対応する標準仕様 JP Self-Billing のドラフト

図表7-2 Peppol の仕組み（イメージ）

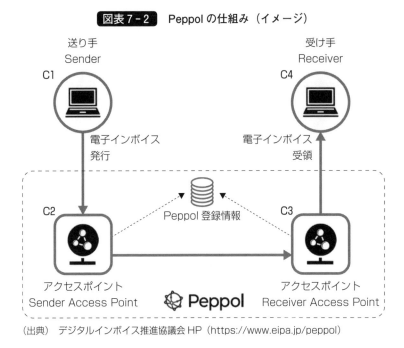

（出典）　デジタルインボイス推進協議会 HP（https://www.eipa.jp/peppol）

"Version 0.9"（令和4年12月2日公表），区分記載請求書（非適格請求書）に
対応する標準仕様 JP Non-tax Invoice のドラフト "Version 0.9"（令和5年5
月19日公表）が公表されています。

　今後は，JP Self-Billing 及び JP Non-tax Invoice の正式版（Version 1.0）の
公表を検討することとされています（デジタル庁 HP「よくある質問：JP
PINT について（概要）」https://www.digital.go.jp/policies/electronic_invoice_
faq_01/）。

　Standard Invoice JP PINT や JP Self-Billing は，消費税の適格請求書等保存
方式における適格請求書や仕入明細書の記載事項を満たすことができるよう作
成されていますので，これらによりやりとりしたデータセットを電帳法の電子
取引の保存要件に準じた方法で保存することにより，消費税の仕入税額控除の
適用を受けることができることとなります。

チェックリスト

- ・インボイス制度
- ・電子取引
- ・スキャナ保存

インボイス制度対応と電帳法対応のチェックリストを3つご用意しました。

いずれも，項目ごとに参照すべきページ数が示されています。内容がわからない場合にはそちらをご参照ください。

① 「インボイス制度対応のための最終チェックリスト」について

インボイス制度については，令和5年10月1日開始で待ったなしですので，対応済か否か，チェックボックス1つひとつをしっかりと埋めていきましょう。

② 「電子取引のデータ保存対応のためのチェックリスト」について

令和6年1月1日から電子取引のデータ保存の義務化が本格的に始まります。

法令の要件に従ってデータの保存を行うための環境が整っていないなど，データを電帳法の要件に従って保存できなかったことについて相当な理由があると認められる場合には，猶予措置が設けられています（P.133参照）。あわてずに，1つひとつの項目についてしっかりと検討しましょう。

③ 「スキャナ保存対応のためのチェックリスト」について

取引関係書類をスキャンして電子的に保存するかしないか，するとすれば何を保存するかについては，基本的には任意です。事務効率化やペーパーレス化の観点から，スキャナ保存を検討なさっている方のご参考にしてください。

インボイス制度対応のための最終チェックリスト

■インボイス発行者としての事前チェックポイント

適格請求書発行事業者の登録申請			
項目	対応済	不要	本書該当ページ
適格請求書発行事業者の申請を行い，登録番号を取得している	☐	☐	P.23
取引先に対して，自社の登録番号を周知する	☐	☐	P.23

自社が発行するインボイスの準備			
項目	対応済	不要	本書該当ページ
インボイスとして発行する書類を確定する	☐	☐	P.32
自社が発行するインボイスが記載事項を満たしているか確認する	☐	☐	P.32
取引先に対して，インボイスとする書類の様式を通知する	☐	☐	
返還インボイスの交付要否を確認する	☐	☐	P.35
返還インボイスの記載事項及び様式を検討する	☐	☐	P.35
簡易インボイスの交付要否を確認する	☐	☐	P.37
簡易インボイスの記載事項及び様式を検討する	☐	☐	P.37
インボイスに記載する消費税の端数処理方法を確認する	☐	☐	P.38

インボイスの発行や保存に関する業務フローの見直し			
項目	対応済	不要	本書該当ページ
ルールに則ったインボイスが発行できるよう社内の業務フローを見直す	☐	☐	P.40

請求書等を発行する担当者に対して新しい業務フローを周知する	☐	☐	P.40
自社が発行するインボイスの写しの保存方法を決定する	☐	☐	P.41
会計システム，請求書発行システム，POS レジ等の対応状況・導入要否を確認する	☐	☐	P.42

■インボイス受領者としての事前チェックポイント

保存すべきインボイスの確定（現状把握）			
項目	対応済	不要	本書該当ページ
取引先から受け取っている書類の種類や受取方法を確認する	☐	☐	P.44
取引先と何をインボイスとするのか打ち合わせ，受取方法を確認する	☐	☐	P.44
どの証ひょうをインボイスとして保存すればよいか確認する	☐	☐	P.44，P.48
請求書等が発行されない取引についての対応方針を検討する	☐	☐	P.45
既存の契約書に，インボイスに必要な記載事項を追加する	☐	☐	P.45
取引先の属性や事業の性質に応じて，仕入明細書等の発行を検討する	☐	☐	P.47
取引先の対応状況の確認			
項目	対応済	不要	本書該当ページ
取引先のインボイス制度への対応状況をヒアリングし，適格請求書発行事業者である取引先を特定する	☐	☐	P.51
取引先の適格請求書発行事業者の登録番号を確認する	☐	☐	P.52

項目	対応済	不要	本書該当ページ
取引先が発行する請求書等がインボイスの要件を満たすか事前に確認する	☐	☐	P.52
取引先が免税事業者の場合の対応方針を決定する	☐	☐	P.55，P.56
免税事業者に対する取引条件の見直し等を交渉する	☐	☐	P.55，P.56
インボイス制度開始後の取引先選定のルールを検討する	☐	☐	P.55，P.56
免税事業者である取引先に対応を促す場合には，下請法や独占禁止法等に抵触しないよう十分なコミュニケーションをとりながら行う	☐	☐	P.55，P.56

インボイスの受領や保存に関する業務フローの見直し

項目	対応済	不要	本書該当ページ
インボイスを受け取ってからの業務フロー，特に受け取った請求書等がインボイスか否かの確認方法を検討する	☐	☐	P.58
インボイス制度に関する社内教育を実施する	☐	☐	P.61
電子データの増加も踏まえ，受け取ったインボイスの保存方法を決定する	☐	☐	P.62
インボイス制度の対応をスムーズにする請求書受領や経費精算システムの導入を検討する	☐	☐	P.62

■免税事業者である場合のチェックポイント

項目	対応済	不要	本書該当ページ
適格請求書発行事業者になることで消費税の申告及び納税義務が生じることを確認した	☐	☐	P.12

		対応済	不要	本書該当ページ
	インボイス制度に対応するか否か検討する	☐	☐	P.19
	課税事業者になるための申請や簡易課税の適用に関する特例を確認する	☐	☐	P.30

■インボイス制度開始後のチェックポイント

施行日前後の注意点				
	項目	対応済	不要	本書該当ページ
	適格請求書発行事業者の登録が遅れる場合の施行日をまたぐインボイスの取扱いを確認した	☐	☐	P.66
	家賃や保守サービスなど施行日前に支払が完了している取引に関するインボイスの取扱いを確認した	☐	☐	P.68
	インボイスの記載事項に誤りがあった場合の取扱いを確認した	☐	☐	P.69
	新しい取引先と契約を締結する際の留意事項を確認した	☐	☐	P.71
	既存の契約書にインボイスとして必要な記載事項を追加した	☐	☐	P.45
施行日後に影響が生じる取扱い				
	項目	対応済	不要	本書該当ページ
	事業者間やグループ内における立替払いを行う際のインボイスの取扱いを確認した	☐	☐	P.72
	委託販売を行っている場合のインボイスの交付方法を確認した	☐	☐	P.75
	リベートなど販売奨励金を支払っている場合のインボイスの取扱いを確認した	☐	☐	P.76
	ポイントカードや割引券による値引きを行っている場合のインボイスの記載方法を確認した	☐	☐	P.78

	項目	対応済	不要	本書該当ページ
	共有資産を譲渡する際の留意事項を確認した	☐	☐	P.79
	工事の請負やリース販売などを行う場合のインボイスの交付方法を確認した	☐	☐	P.80
	国外事業者から仕入を行う場合のインボイスの取扱いについて確認した	☐	☐	P.81
	従業員の経費精算におけるインボイスの取扱いを確認した	☐	☐	P.82
	経費精算における取引ごとの留意事項を踏まえ，経費精算ルールを見直した	☐	☐	P.82
	経費精算のルールや経費精算時の注意点を従業員に対して説明した	☐	☐	P.82

消費税の税額計算

	項目	対応済	不要	本書該当ページ
	売上税額及び仕入税額の計算方法を検討した	☐	☐	P.85
	インボイスと帳簿上の消費税額に差額が生じる場合の取扱いを検討した	☐	☐	P.91
	会計システムへ入力する際のルールを見直した	☐	☐	P.97
	経過措置適用時に対象外となる消費税の取扱いを検討した	☐	☐	P.98
	免税事業者など適格請求書発行事業者以外からの課税仕入れを集計できる仕組みを検討した	☐	☐	P.99

電子取引のデータ保存対応のためのチェックリスト

【社内の取引情報の把握】

○　保存方法を考える前提として，会社全体で授受している電子取引の棚卸しをします。

✓　取引先等とやりとり（送信・受信）している電子取引の棚卸しは済みましたか？

☞P.150　ポイント1

　　　□電子メール　□クラウドサービス（ダウンロード・アップロード）
　　　□インターネットのホームページからダウンロード又はスクリーンショット
　　　□クレジットカードの利用明細（データ）　□交通系ICカードによる支払データ
　　　□EDIシステム　□ペーパーレス化されたFAX機能を持つ複合機利用
　　　□請求書や領収書等のデータをDVD等の記録媒体を介して授受　□その他

【電子取引の種類，取扱部署等に応じた保存方法の決定】

○　電子取引の種類，取扱部署等に応じて，どのようなシステムを使用するか，任意のフォルダで保存するかを決定します（以下のいずれか，あるいは組み合わせで決定します）。

☞P.169　ステップ3，P.152　ポイント2，P.153　ポイント3，P.155　ポイント4

≪請求書等保存ソフトにより保存する場合≫

☞P.153　ポイント3，P.169　ステップ3(2)，(3)

✓　ワークフローシステム上あるいは同システムと連携した保存ソフトにより保存する取引情報は決定しましたか？

✓　経費精算システムによりスキャナ保存と併せて保存する取引情報は決定しましたか？

✓　会計ソフトや文書管理システムにより保存する取引情報は決定しましたか？

≪システムを使用せず，任意のフォルダに格納する場合≫☞P.155　ポイント4

✓　保存する電子取引にファイル名（取引年月日，取引先名，取引金額等）を任意のフォルダに格納する方法で保存する取引情報は決定しましたか？

✓　保存する電子取引のファイル名に連番を付けて索引簿で管理する方法で保存する取引情報は決定しましたか？

【保存するソフト（システム）の準備（請求書等保存ソフトにより保存する場合）】

○　電帳法の要件を満たしたシステムを導入します。

✓　総務大臣認定のタイムスタンプを使用するシステムですか？

☞P.117　ポイント1

✓　（タイムスタンプを付さないシステムの場合）当該システム（クラウドサービスなど）の中で取引情報の授受が行われている，あるいは授受が行われたシステムから自動連携の方法により保存されるものですか？☞P.129　ポイント3

✓　以下の検索機能を備えていますか？☞P.120　ポイント5

①　取引年月日その他の日付，取引金額，取引先を検索条件として設定できる。

②　日付または金額について，範囲指定により検索できる。

③　二つ以上の任意の記録項目を組み合わせた条件により検索できる。

※　税務職員の質問検査権に基づくダウンロードの要請に応じる場合には，上記②，③の要件は不要です。

【システムを使用せず，任意のフォルダに格納する場合】☞P.155　ポイント4

✓　保存する電子取引にファイル名（取引年月日，取引先名，取引金額等）を付けて保存するためのフォルダを準備しましたか（証ひょうの種類別，取引先別，月別など）？

✓　保存する電子取引のファイル名に連番を付けて索引簿で管理する方法の場合，索引簿を用意しましたか？

【電子取引データ保存に関する社内規程類の作成・備付け】

○　電子取引データ保存のために電帳法上備付け等が必要な社内規程等を作成します。☞P.117　ポイント1，P.163　ポイント3

（電子取引データの授受後おおむね7営業日を超えてタイムスタンプを付す場合）

✓　当該取引情報の授受から当該記録事項にタイムスタンプを付すまでの各事務の処理に関する規程

（タイムスタンプ等システム的な改ざん防止措置がない場合）

✓　正当な理由がない訂正及び削除の防止に関する事務処理の規程

【見読可能装置の準備】

✓　以下の見読可能装置（データを見ることのできる機器）等を準備しましたか？

①　パソコン・保存システムに関するソフトと，これらの操作説明書

②　ディスプレイと操作説明書

③　プリンタと操作説明書

✓　保存したデータをディスプレイの画面及び書面に，整然とした形式及び明瞭な状態で，速やかに出力できるようにしていますか？

スキャナ保存対応のためのチェックリスト

【スキャナ保存の目的の決定】

✓　スキャナ保存の目的は明確ですか？☞P.162　ポイント1

　　□ワークフローシステムや経費精算システムと組み合わせて業務効率化を図る

　　□ペーパーレス化を図る　□その他

【対象書類等の決定】

○　上記の目的に応じた，スキャナ保存の対象書類とその範囲を決定します。

✓　国税関係書類の何をスキャナ保存するか決定していますか？

☞P.163　ポイント2

≪重要書類≫☞P.105　図表4－1

　　□契約書　□受取請求書　□受取領収書　□受取納品書　□その他の重要書類

≪一般書類≫☞P.105　図表4－1

　　□受取見積書　□受取検収書　□受取注文書　□その他の一般書類

✓　スキャナ保存を実施する対象部署は決定していますか？

☞P.114（中段）

　　□全社　□本社　□本社経理部　□事業所・支店・工場など

【スキャナ等の準備】

○　電帳法で定められた基準以上で読み取るスキャナやスマートフォン等を準備します。

✓　準備したスキャナ等が，解像度200dpi以上かつカラー画像（赤・緑・青それぞれ256階調以上）で読み取ることができますか？☞P.120　ポイント4

【保存するシステムの準備】

○　電帳法の要件を満たしたシステムを導入します。

✓　総務大臣認定のタイムスタンプを使用するシステムですか？

☞P.117　ポイント1

✓　（タイムスタンプを付さないシステムの場合）保存日時の証明が客観的に担保されるような時刻証明機能を備えたものですか？☞P.119　ポイント3

✓　解像度，階調，書類の大きさに関する情報を保存できますか？

☞P.120　ポイント4

✓　記録したデータについて訂正又は削除不可，あるいは訂正又は削除の事実及びその内容を確認できますか？☞P.120　ポイント5

✓　保存データ（スキャンしたデータ）が，これに関連する帳簿にどのように記録されているか確認できますか？　また逆に，帳簿の記録事項からこれに関連する保存データ（スキャンしたデータ）を確認することができますか？

☞P.121　ポイント6

✓　以下の検索機能を備えていますか？☞P.120　ポイント5

①　取引年月日その他の日付，取引金額，取引先を検索条件として設定できる。

②　日付または金額について，範囲指定により検索できる。

③　二つ以上の任意の記録項目を組み合わせた条件により検索できる。

※　税務職員の質問検査権に基づくダウンロードの要請に応じる場合には，上記②，③の要件は不要です。

【スキャナ保存に関する社内規程類の作成・備付け】

○　スキャナ保存をしようとする書類の受領等から保存のための入力に至るまでのルールを定めた社内規程等を作成します。

☞P.117　ポイント1，P.163　ポイント3

（重要書類の授受後おおむね7営業日以内にタイムスタンプを付し，入力を行う場合）

✓　当該国税関係書類の保存に関する事務手続を明らかにした書類の作成・備付けをしましたか？

（重要書類の作成・受領後おおむね7営業日を超えて入力等を行う場合）

✓　当該国税関係書類の作成又は受領から当該入力までの各事務の処理に関する規程の作成・備付けをしましたか？

✓　当該国税関係書類の作成又は受領から当該タイムスタンプを付すまでの各事務の処理に関する規程の作成・備付けをしましたか？

（一般書類のスキャナ保存を行う場合）

✓　当該電磁的記録の作成及び保存に関する事務の手続を明らかにした書類（当該事務の責任者が定められているもの）の作成・備付けをしましたか？

【見読可能装置の準備】

✓　以下の見読可能装置（データを見ることのできる機器）等を準備しましたか？

①　パソコン・上記システムに関するソフトと，これらの操作説明書

② 映像面の最大径が35cm以上のカラーディスプレイと操作説明書

③ カラープリンタと操作説明書

✓ 保存したデータをカラーディスプレイの画面及び書面に，次のような状態で速やかに出力することができるようにしておくこと。

① 整然とした形式であること

② スキャンした書類の原本と同程度に明瞭であること

③ 拡大又は縮小して出力することが可能であること

④ 4ポイントの大きさの文字を認識することができること。

【編者紹介】

辻・本郷 税理士法人

　顧問先約17,000件，国内85拠点，海外7拠点（2023年5月現在）を擁し，お客さまの多様なニーズにお応えするため専門分野別に特化したサービスを提供。また辻・本郷グループ内の弁護士，司法書士，行政書士，FP，社会保険労務士などの専門家や，会計システムの導入支援，経営支援，補助金申請担当と連携し，大手ならではの組織力を活かし，ワンストップでサポートする。

辻・本郷 IT コンサルティング株式会社

　国内最大級の税理士法人である辻・本郷 税理士法人のグループ会社として2014年に創業。実践した数多くのDX化ノウハウをグループ内外に展開。バックオフィスに課題を抱える組織のコンサルティングから導入までをワンストップで行う。電子帳簿保存法やインボイス制度対応等，最新のコンサルティング事例にも精通。「無数の選択肢から，より良い決断に導く」をミッションとし，情報が多すぎる現代において，お客様にとっての「より良い」を見つけるパートナーを目指す。

【著者紹介】

猪野　茂（いの　しげる）

辻・本郷 税理士法人　特別顧問　税理士
辻・本郷 IT コンサルティング株式会社　取締役
亜細亜大学経済学部特任教授
1987年国税庁入庁。国税庁国際調査管理官，相互協議室長，東京国税局調査第一部長，情報技術室長，個人課税課長等を経て，2020年札幌国税局長。2021年9月より辻・本郷 税理士法人特別顧問（現在に至る）。同年12月辻・本郷 IT コンサルティング株式会社取締役（現在に至る）。社内外の電子帳簿保存法に関する相談業務を担う。2022年4月より亜細亜大学経済学部特任教授（現在に至る）。

菊池　典明（きくち　のりあき）

辻・本郷 税理士法人　DX 事業推進室　税理士
辻・本郷 IT コンサルティング株式会社　取締役
2014年税理士登録。2012年辻・本郷 税理士法人大阪支部に入社。株式会社のほか医療法人，社会福祉法人，公益法人等の税務・会計に関する業務を中心に，法人の事業承継や個人の相続コンサルティングを担当。2015年より経営企画室に所属し，クライアントのクラウド会計の導入やDXの推進などにも携わる。2021年より現職。同年12月辻・本郷 IT コンサルティング株式会社取締役就任（現在に至る）。多くのセミナー講師も務める。

これだけは押さえておきたい
インボイスと電帳法のルール

2023年10月10日　第1版第1刷発行

編　者	辻・本郷 税理士法人 辻・本郷 IT コンサルティング株式会社
著　者	猪　野　　　茂 菊　池　典　明
発行者	山　本　　　継
発行所	㈱中央経済社
発売元	㈱中央経済グループ パブリッシング

〒101-0051　東京都千代田区神田神保町1-35
電話　03 (3293) 3371 (編集代表)
　　　03 (3293) 3381 (営業代表)
https://www.chuokeizai.co.jp
印刷／昭和情報プロセス㈱
製本／㈲井上製本所

©2023
Printed in Japan

＊頁の「欠落」や「順序違い」などがありましたらお取り替えいた
　しますので発売元までご送付ください。(送料小社負担)

ISBN978-4-502-47771-3　C3034